Mini-Basiswissen
SPANISCH

PONS GmbH
Stuttgart

PONS
Mini-Basiswissen

Spanisch

von
Friedrich Weber,
Dr. Christiane Wirth

Auf der Basis von ISBNs: 978-3-12-560833-7,
978-3-12-561337-9, 978-3-12-561704-9

Auflage A1 5 4 3 2 1 / 2013 2012 2011

© PONS GmbH, Rotebühlstraße 77, 70178 Stuttgart, 2011
PONS Produktinfos und Shop: www.pons.de
PONS Sprachenportal: www.pons.eu
E-Mail: info@pons.de

Redaktion: Majka Dischler
Logoentwurf: Erwin Poell, Heidelberg
Logoüberarbeitung: Sabine Redlin, Ludwigsburg
Titelfoto: Vlado Golub, Stuttgart
Einbandkonzept: Tanja Haller, Petra Schnur, Stuttgart
Einbandgestaltung: Daniel Müller, Stuttgart
Layout: one pm, Petra Michel, Stuttgart
Satz: Tebitron GmbH, Gerlingen
Druck und Bindung: Gmähle-Scheel Print-Medien GmbH,
Kriegsbergstraße 14, 71336 Waiblingen-Hohenacker

Printed in Germany.
ISBN: 978-3-12-561793-3

WILLKOMMEN

Sie möchten eine kompakte Übersicht über das grundlegende Wissen zur spanischen Sprache? Das PONS Mini-Basiswissen führt Sie schnell und sicher in die 5 wichtigsten Bereiche der Sprache ein. Jeder Bereich im Buch hat ein eigenes Symbol:

Aussprache

Grammatik

Verben

Typische Fehler

Wortschatz

Die Kapitel sind thematisch aufbereitet und übersichtlich gestaltet, so dass Sie einzelne Themen jederzeit gezielt und schnell nachschlagen können.

Innerhalb der einzelnen Kapitel finden Sie **Infokästen** mit

Merksätzen

Grammatik-Tipps

Ausnahmen von der Regel

interkulturellen Besonderheiten.

Außerdem helfen Ihnen im Bereich Wortschatz nützliche Wendungen beim Formulieren von Sätzen und Fragen.

Viel Spaß und Erfolg beim Spanischlernen!

INHALT

🔊 1 SCHREIBUNG UND LAUTUNG

Verglichen mit anderen Sprachen, etwa dem Englischen oder dem Französischen, ist das Spanische hinsichtlich der Aussprache deutlich einfacher, da die Anzahl der Laute geringer ist und man die Laute weitestgehend so spricht, wie man sie schreibt. Es sind dabei nur einige wenige, leicht überschaubare Regeln zu beachten. Darüber hinaus wird die Mehrheit der Buchstaben ähnlich wie im Deutschen ausgesprochen.

Es kommt jedoch vor, dass der gleiche Laut orthografisch durch unterschiedliche Schreibweisen dargestellt werden kann. Die Buchstaben **b** und **v** im Anlaut zum Beispiel werden, genau wie die Silben **ge** / **je** und **gi** / **ji**, auf Spanisch gleich ausgesprochen. Wenn man also ein Wort mit diesen Lauten hört, es aber noch nicht kennt, kann man nicht wissen, ob es mit **b** oder **v** bzw. mit **g** oder **j** geschrieben wird.

Ein ähnliches Problem sind die Wörter, in denen ein **h** vorkommt. Da dieser Buchstabe im Spanischen fast immer stumm bleibt, weiß man beim Hören nicht, wann er geschrieben werden muss. In diesem Fall muss man die Schreibweise der verschiedenen Wörter lernen. Für die meisten anderen Fälle gibt es Regeln, die es ermöglichen, dass man erstens die Wörter richtig aussprechen und zweitens die Schreibweise häufig problemlos erraten kann.

Zur Transkription der Laute benutzen wir die Symbole des **Internationalen Phonetischen Alphabets (IPA)**, die sich auch in den Wörterbüchern wiederfinden.

 ## 2 DAS INTERNATIONALE PHONETISCHE ALPHABET (IPA)

Die Lautschriftzeichen des IPA (**Alfabeto Fonético Internacional – AFI**) sollen gleichzeitig als Lern- und als Entschlüsselungshilfe bei der Aussprache der Wörter dienen.

Das IPA greift unter anderem auf lateinische und griechische Buchstaben zurück, z. B. [a] für den Vokal **a** und [θ] für ein scharfes, stimmloses, gelispeltes **s**. Da die Lautschrift international, also sprachübergreifend ist, stimmen die IPA-Zeichen nicht immer mit der Buchstabenfolge der Orthografie der jeweiligen Sprache überein.

IPA-Zeichen werden immer in eckigen Klammern [ ] dargestellt, damit man sie klar von der Schreibung im regulären Alphabet unterscheiden kann.

Es gibt in der spanischen Lautschrift zwei Sonderzeichen, die Sie sich merken sollten:

[oi̯] Der kleine Bogen unter einem Lautzeichen weist daraufhin, dass hier keine neue Silbe beginnt, z. B. bei **boina** [ˈboi̯na] *(Baskenmütze)* im Gegensatz zu **oído** [oˈiðo] *(Gehör)*.

[ˈ] Der hochgestellte Strich zeigt an, wo die Hauptbetonung im Wort liegt und geht dieser unmittelbar voraus, z. B. bei [teˈatro].

In den folgenden Tabellen sind alle Laute des Spanischen aufgelistet und mit einem spanischen Wortbeispiel und einer deutschen Entsprechung verdeutlicht. Dies ist eine wertvolle Hilfe für das Üben der Aussprache.

1 Vokale – *vocales*

Das Spanische kennt **fünf Vokale**, die immer halblang gesprochen werden. Man muss also nicht zwischen kurzen und langen Vokalen unterscheiden und auch nicht zwischen offenen und geschlossenen Vokalen. Die Vokale werden gleich ausgesprochen – unabhängig davon, ob sie betont oder unbetont sind.

Das internationale phonetische Alphabet (IPA)

IPA	Beispielwort	Entsprechung im Deutschen
[a]	Panamá [pana'ma]	Wie **a** in **Affe**
[e]	Perú [pe'ru]	Wie **e** in **Mensch**
[i]	Chile ['tʃile]	Wie **i** in **immer**
[o]	Colombia [ko'lombja]	Wie **o** in **Post**
[u]	Cuba ['kuβa]	Wie **u** in **Fluss**

2 Diphthonge (Doppelvokale) – *diptongos*

Die spanischen **Diphthonge** (Doppelvokale) sind Kombinationen von **i** oder **u** mit einem anderen **Vokal**. Man spricht von einem Diphthong, wenn die Vokalkombinationen eine Silbe bilden, das heißt, die Laute werden nicht getrennt, sondern als **Doppellaut** ineinander übergehend ausgesprochen.

Im Spanischen können auch **Triphthonge** vorkommen. Hier werden **drei Vokale** in derselben Silbe ausgesprochen, z. B. beim Wort **buey** [bwei̯] *(Ochse)*.

IPA	Beispielwort	Entsprechung im Deutschen
[ai̯]	**ai**re [ˈai̯re], **ay** [ai̯]	Wie **ei** in **klein**
[ei̯]	ac**ei**te [aθei̯ˈte], **r**ey [rrei̯]	Hier gibt es keine deutsche Entsprechung; vergleichbar mit dem **äi**-Laut im englischen Wort **day**.
[oi̯]	**bo**ina [ˈboi̯na], **h**oy [oi̯]	Etwa wie **eu** in **heute**
[au̯]	**au**tobús [au̯toˈβus]	Wie **au** in **Auto**
[eu̯]	**Eu**ropa [eu̯ˈropa]	**eu** in einer Silbe, z. B. in **Museum.**
[ja]	**Alemania** [aleˈmanja]	Wie **ja** in **jammern**
[je]	s**ie**te [sjete]	Wie **je** in **jetzt**
[jo]	rad**io** [ˈrraðjo], bibl**io**teca [biβljoˈteka]	Wie **jo** in **Joch**
[ju]	c**iu**dad [θjuˈða(ð)]	Wie **ju** in **Junge**
[wa]	ag**ua** [ˈaɣwa]	Das **w** im Spanischen ist weicher als im Deutschen!
[we]	n**ue**vo [ˈnweβo]	Mit weichem **w**

Das internationale phonetische Alphabet (IPA)

[wi]	**r**u**i**do [ˈrrwiðo]	Mit weichem **w**
[wo]	**antig**u**o** [aṇˈtiɣwo]	Mit weichem **w**

Steht ein Akzent über **i** oder **u**, handelt es sich nicht mehr um einen Diphthong (Doppellaut), sondern um zwei verschiedene Silben, die getrennt ausgesprochen werden:
dí-a [ˈdia] (*Tag*), **Ma-rí-a** [maˈria], **grú-a** [ˈgrua] (*Kran*)

Alle anderen Vokalkombinationen bilden immer zwei verschiedene Silben, das heißt, die Vokale werden einzeln gesprochen. Man nennt das Aufeinandertreffen von zwei Vokalen in unterschiedlichen Silben **Hiatus**:

te-a-tro [teˈatro], **mu-se-o** [muˈseo], **pa-e-lla** [paˈeʎa].

3 Konsonanten – *consonantes*

IPA	Beispielwort	Entsprechung im Deutschen
[b]	**B**arcelona [barθeˈlona], **Colom**bia [koˈlombja], **V**alencia [baˈlenθja]	Am Wortanfang und nach **m** und **n** ungefähr wie im Deutschen
[β]	**Bil**bao [bilˈβao], **tele**visión [teleβiˈsjon], **Se**villa [seˈβiʎa]	In den restlichen Stellungen **Reibelaut**. Das **b** ist viel weicher als im Deutschen!
[θ]	**Bar**celona [barθeˈlona], **Valen**cia [baˈlenθja], **Vene**zuela [beneˈθwela]	Dieser Laut ist **gelispelt**. Steckt man die Zungenspitze zwischen die Zähne und atmet scharf aus, so entsteht der scharfe Lispellaut.
[tʃ]	**Ch**ile [ˈtʃile], **ch**ocolate [tʃokoˈlate]	Wie **tsch** in **tschüss**
[d]	¿**d**ón**d**e? [ˈdonde]	Am Wortanfang und nach **l** und **n** ungefähr wie im Deutschen, aber nicht ganz so stark!

Das internationale phonetische Alphabet (IPA)

[ð]	**E**cua**d**or [ekwaˈðor], **Ma**d**rid [maˈðri(ð)]	In den restlichen Stellungen als **Reibelaut** ausgesprochen – aber viel weicher als im Deutschen. Im Wortauslaut sehr schwach bzw. nicht ausgesprochen.
[f]	**F**ilipinas [filiˈpinas], **f**amilia [faˈmilja]	Wie **f** in **F**amilie
[g]	**G**uatemala [gwateˈmala]	Am Wortanfang und nach **n** ungefähr wie im Deutschen **g**, aber nicht so stark.
[ɣ]	**Má**la**g**a [ˈmalaɣa]	In den restlichen Stellungen als **Reibelaut** – aber viel weicher als im Deutschen.
[x]	**A**r**g**entina [arxenˈtina], **j**amón [xaˈmon], **J**erez [xeˈreθ]	**Achlaut** – als **j** bzw. **g** vor **e** und **i** klingt er wie im Deutschen **ch** in **doch**, **Bach**.

–	**H**onduras [onˈduras], **h**otel [oˈtel]	Das **h** wird im Spanischen fast nie ausgesprochen. (Es gibt wenige Ausnahmen aus dem Englischen wie **hippie** oder **holding**, in denen das **h** als Achlaut [x] ausgesprochen wird.)
[k]	**C**uba [ˈkuβa], **k**ilo [ˈkilo], **qu**e [ke]	Wie im Deutschen **k** in **Kunst** aber nie behaucht!
[l]	**L**atinoamérica [latinoaˈmerika]	Wie **l** in **Leben**
[ʎ]	Ma**ll**orca [maˈʎorka], pae**ll**a [paˈeʎa]	Das spanische **ll** kann als **lj** wie in **Billard** ausgesprochen werden. Häufiger wird es jedoch ebenso wie das spanische **y** [ɟ] ausgesprochen, das heißt, wie ein deutsches **j** in **ja**.
[m]	A**m**érica [aˈmerika], **M**enorca [meˈnorka]	Wie **m** in **Maus**
[n]	**N**icaragua [nikaˈraɣwa], Gra**n**ada [graˈnaða]	Wie **n** in **Nase**

Das internationale phonetische Alphabet (IPA)

[ɲ]	**Espa**ñ**a** [esˈpaɲa]	Ein Nasallaut – wie das **gn** in **Champignon.**
[p]	**P**erú [peˈru]	Wie **p** in **Papa**, aber ein bisschen weicher und nie behaucht!
[rr]	**r**adio [ˈrraðjo], **En**r**ique** [enˈrrike], **te**rr**ible** [teˈrriβle]	Das spanische **r** wird mit der Zungenspitze gebildet. Am Wortanfang, nach **l, n, s** und als **rr** wird es stark gerollt.
[r]	á**r**abe [ˈaraβe]	Einfach gerolltes **r** in der Wortmitte.
[s]	**s**ol [sol], **ro**s**a** [ˈrrosa]	Etwa wie das scharfe **s** in **Fuß**
[t]	**T**enerife [teneˈrife]	Wie **t** in **Tuch**, nur ein bisschen weicher und nie behaucht!
[(k)s]	**ta**x**i** [ˈta(k)si], **e**x**terior** [esteˈrjor]	Das spanische **x** wird zwischen Vokalen wie im deutschen Wort **Taxi** ausgesprochen, nur etwas weicher. Vor einem Konsonanten wird es zu einem scharfen **s**-Laut.

| [ɟ] | **ma**y**o**nesa [maɟoˈnesa], **y**o [ɟo] | Wie **j** in **ja** |

Nicht überall wird gelispelt! In Lateinamerika und in bestimmten Gegenden Südspaniens wird der Lispellaut [θ] wie ein scharfes **s** ausgesprochen **[s]**. Man nennt dies **seseo**.

3   BETONUNG UND AKZENTE

Es ist sehr wichtig, die Wörter richtig zu betonen, da eine falsche Betonung der Verständigung mehr als zum Beispiel ein Grammatikfehler schaden kann! Für die Betonung der spanischen Wörter gelten die folgenden drei Regeln:

• Wörter, die mit einem **Vokal**, mit -**n** oder mit -**s** enden, werden normalerweise auf der vorletzten Silbe betont. Die Mehrheit der spanischen Wörter gehört zu dieser Gruppe.

Cuba, tra**ba**jas, **co**men

• Wörter, die mit einem **Konsonanten** (außer -**n** oder -**s**) enden, werden normalerweise auf der letzten Silbe betont.

estu**diar**, espa**ñol**, Ma**drid**

• Alle Wörter, die von diesen beiden Regeln abweichen, tragen einen Akzent auf dem betonten Vokal.

auto**bús**, ale**mán**, Pe**rú**, **Fé**lix, **Mé**jico, te**lé**fono

Die Akzente sind ein wichtiger Hinweis zur Betonung.
Eine Silbe, die einen **Akzent** trägt, wird immer betont!

Gleichlautende einsilbige Wörter mit verschiedenen Bedeutungen werden durch den so genannten **Unterscheidungsakzent** (**acento diacrítico**) unterschieden.

el	*der* (Artikel)	**él**	*er* (Personalpronomen)
tu	*dein, deine* (Possessivpronomen)	**tú**	*du* (Personalpronomen)
mi	*mein, meine* (Possessivpronomen)	**mí**	*mir, mich* (Personalpronomen)
te	*dir, dich* (Personalpronomen)	**té**	*Tee* (Substantiv)
de	*von, aus* (Präposition)	**dé**	z. B. *geben Sie!* (Verbformen von **dar**)
si	*wenn, ob* (Konjunktion)	**sí**	*ja, doch* (Adverb)
se	*sich* (Personalpronomen)	**sé**	*ich weiß* (Verbform von **saber**)

Auch Verbformen werden durch Akzent unterschieden:
trabajo (*Arbeit, ich arbeite*) ≠ **trabaj**ó (*er / sie arbeitete*).

Einen besonderen Fall der Verwendung des Unterscheidungs-
akzents bilden die **Frage- und Ausrufewörter**, die immer einen
Akzent (auch in indirekten Sätzen) tragen:

¿qué? ¿cómo? ¿cuándo? ¿quién? ¿dónde? ¡cuánto!
(was? wie? wann? wer? wo? wie viel!)

¡Qué bien! *(Wie gut!)*

¡Cuánto trabajo tienes! *(Wie viel Arbeit du hast!)*

No sé cuántos años tiene. *(Ich weiß nicht, wie alt er / sie ist.)*

Necesito saber cuándo sale el autobús.
(Ich muss wissen, wann der Bus abfährt.)

Dieselben Wörter kommen auch ohne Akzent vor, dann aller-
dings in anderer Bedeutung und Funktion:
que – *der / die / das; dass,* **como** – *wie (Adverb), wenn; als,*
cuando – *wenn; als,* **quien** – *der / die / das,* **donde** – *wo
(Adverb),* **cuanto** – *(alles,) was*

§ 1 ARTIKEL

	männlich bestimmt	unbestimmt	weiblich bestimmt	unbestimmt
Singular	el	un	la	una
Plural	los	unos	las	unas

1 Der bestimmte Artikel

el sombrero, **los** sombreros – *der Hut, die Hüte*
la chaqueta, **las** chaquetas – *die Jacke, die Jacken*

Wenn ein weibliches Substantiv mit einem betonten **a**- beginnt, wird es nicht vom bestimmten Artikel **la**, sondern von **el** begleitet. Das Geschlecht des Wortes bleibt aber weiblich. Durch **el** wird lediglich gewährleistet, dass sich der Artikel deutlich vom Substantiv abgrenzen lässt und nicht zwei Vokale aufeinandertreffen: ~~la agua~~ **el** agua fría – *das kalte Wasser*.

2 Der unbestimmte Artikel

un español, **una española** – *ein Spanier, eine Spanierin*
unos hombres, **unas mujeres** – *einige Männer, einige Frauen*

Mit dem Plural des unbestimmten Artikels wird eine unbestimmte Menge angegeben. Die Verwendung des unbestimmten Artikels im Plural ist meist optional:

Tengo (unos) buenos amigos en Madrid. – *Ich habe (einige) gute Freunde in Madrid.*

3 Der neutrale Artikel *lo*

Der neutrale Artikel **lo** dient zur Substantivierung von Adjektiven, Adverbien, Possessivpronomen und Partizipien. Er wird nie vor Substantiven gebraucht:

Creo que lo mejor sería tomar un taxi. – *Ich glaube, das Beste wäre, ein Taxi zu nehmen.*

Volveré lo antes posible. – *Ich werde so früh wie möglich zurückkommen.*

Lo mío no es la informática. – *Informatik ist nicht meine Sache.*

Todo lo grabado en la memoria USB está también en el disco duro. – *Alles, was auf dem USB-Stick gespeichert ist, ist auch auf der Festplatte.*

Lo que *(was)* dient als Relativpronomen:

¿Sabes lo que pasa con el ratón? No funciona.
– *Weißt du, was mit der Maus los ist? Sie funktioniert nicht.*

. . . .

§ 2 SUBSTANTIV

1 Männliche und weibliche Formen

Die spanischen Substantive sind männlich oder weiblich.
Zum Geschlecht der Substantive gilt im Allgemeinen:

- Wörter, die auf -**o** enden, sind meistens männlich:
  el piso – *die Wohnung*; **el amig**o – *der Freund*

- Wörter, die auf -**a** enden, sind meistens weiblich:
  la hora – *die Stunde*; **la amig**a – *die Freundin*

- Wörter, die auf -**e** oder auf Konsonant enden,
  können männlich oder weiblich sein:
  el viaje – *die Reise*; **la muje**r – *die Frau*

El mar (*das Meer*) ist im Allgemeinen maskulin. In der Lyrik, in poetischen Texten oder von Menschen, deren Alltag mit dem Meer verbunden ist, wird **la mar** jedoch als weibliches Substantiv verwendet.

- Wörter, die auf -**dad** enden, sind weiblich:
  la verdad – *die Wahrheit*; **la ciuda**d – *die Stadt*

- Wörter, die auf -**ción** enden, sind weiblich:
  la información – *die Information*

- Wörter, die auf **-ema** enden, sind männlich:
  el sistema – *das System;* **el t**ema – *das Thema*

- Wörter, die Personen bezeichnen und auf **-ista** enden, können männlich und weiblich sein:
  la turista – *der Tourist;* **la tur**ista – *die Touristin*

Es gibt aber auch Ausnahmen:
Weibliche Substantive auf **-o**:
la foto – *das Foto,* **la radi**o – *das Radio,* **la man**o – *die Hand*
Männliche Substantive auf **-a**:
el día – *der Tag,* **el poem**a – *das Gedicht*

2 Der Plural

Um den Plural zu bilden, fügt man Substantiven meist ein **-s** hinzu.

curso, cursos – *Kurse;* **hora, hora**s – *Stunden*

Substantiven, die auf einen Konsonanten enden, fügt man **-es** hinzu.

español, **español**es – *Spanier;* **ciuda**d, **ciudad**es – *Städte*

Substantive, die den Plural mit **-es** bilden, erhalten oder verlieren einen Akzent, wenn nur so die Betonung beibehalten werden kann:

joven → **j**óvenes – *Jugendliche*
avión → **avi**ones – *Flugzeuge*

3 Wortbildung 🔊

Komplexe Substantive können zwar ähnlich wie im Deutschen durch Aneinanderreihung mehrerer Wörter gebildet werden, sind aber im Spanischen seltener als im Deutschen:

- Substantiv + Substantiv: **autopista** – *Autobahn*
  bocacalle – *Straßeneinmündung*

- verbales Element + Substantiv: **abrelatas** – *Dosenöffner*
  tocadiscos – *Plattenspieler*

- Vorsilbe + Substantiv: **pos(t)guerra** – *Nachkriegszeit*
  supermercado – *Supermarkt*

Sehr häufig sind im Spanischen Fügungen mit **Präpositionen**:

el profesor de español – *der Spanischlehrer*
el viaje a España – *die Spanienreise*
el curso para principiantes – *der Anfängerkurs*
un callejón sin salida – *die Sackgasse*

4 Nominativ / Akkusativ / Genitiv / Dativ

Die Stellung des Substantivs im Satz (Nom./Akk.) und vorangestellte Präpositionen (Gen./Dat.) zeigen an, in welchem Fall das Substantiv erscheint. Verschiedene Kasusendungen wie im Deutschen gibt es nicht.

- Nominativ (Wer?)
  El libro de Ana es muy interesante.
  – *Anas Buch ist sehr interessant.*

- Akkusativ (Wen? / Was? Direktes Objekt)
  ¿Has visto el libro de María?
  – *Hast du Marias Buch gesehen?*

- Genitiv (Wessen?)
  Es el libro de Alejandro.
  – *Das ist Alejandros Buch.*

- Dativ (Wem? Indirektes Objekt)
  Le he prestado el libro a José.
  – *Ich habe José das Buch geliehen.*

Wenn das Akkusativobjekt eine Person bezeichnet oder ein Tier, zu dem der Sprecher in einem persönlichen Verhältnis steht, geht ihm die Präposition **a** voraus:

He visto a Paula en la estación. – *Ich habe Paula auf dem Bahnhof gesehen.*

Perdí a mi perro en el parque. – *Ich habe meinen Hund im Park (aus den Augen) verloren.*

Diese Regel gilt nicht automatisch nach den Verben **tener** (*haben*), **necesitar** (*brauchen*), **buscar** (*suchen*) und **querer** (*mögen, lieben*). Hier steht die Präposition **a** nur, wenn es sich um eine bestimmte Person handelt.

Quiero un hijo. – *Ich möchte ein Kind.*

Aber: **Quiero a mi hijo.** – *Ich liebe mein Kind.*

Tiene dos hijos. – *Er / Sie hat zwei Kinder.*

Aber: **Tiene a sus hijos en el colegio.** – *Seine / Ihre Kinder gehen in die Schule.*

. . . .

§ 2 ADJEKTIV

1 Geschlecht und Zahl

Adjektive richten sich in **Geschlecht** und **Zahl** nach dem Substantiv, auf das sie sich beziehen:

María compra una casa nueva. – *María kauft ein neues Haus.*

Estos chicos son muy ricos. – *Diese Jungs sind sehr reich.*

2 Adjektive auf -o

Adjektive, die auf **-o** enden, bilden die weibliche Form auf **-a**. Für den Plural gelten dieselben Regeln wie für Substantive:

	Singular	Plural
männlich	**un escritorio pequeño** *ein kleiner Schreibtisch*	**escritorios pequeños** *kleine Schreibtische*
weiblich	**una cocina pequeña** *eine kleine Küche*	**cocinas pequeñas** *kleine Küchen*

3 Adjektive auf -e oder Konsonant

Sehr viele Adjektive, die auf **-e** oder Konsonant enden, haben nur eine Form für männlich und weiblich. Für den Plural gelten dieselben Regeln wie für Substantive:

	Singular	Plural
männlich	**un piso grande** *eine große Wohnung*	**pisos grandes** *große Wohnungen*
	un pantalón azul *eine blaue Hose*	**pantalones azules** *blaue Hosen*
weiblich	**una cama grande** *ein großes Bett*	**camas grandes** *große Betten*
	una falda azul *ein blauer Rock*	**faldas azules** *blaue Röcke*

4 Die Wortstellung

Adjektive stehen meist **nach** dem Substantiv:

Esto es un libro importante. – *Das ist ein wichtiges Buch.*

Bestimmte Adjektive können aber auch vor dem Substantiv stehen, z. B. wenn eine subjektive Bewertung ausgedrückt wird:

Es una bella mujer. – *Sie ist eine schöne Frau.*

Immer vorangestellt werden **mucho** *(viel)*, **poco** *(wenig)* und Adjektive in Grußformeln und Wünschen:

Tengo mucho trabajo. – *Ich habe viel Arbeit.*
Hoy hay poco tráfico. – *Heute ist wenig Verkehr.*
¡Buenos días! – *Guten Tag! / Guten Morgen!*
¡Felices vacaciones! – *Schöne Ferien!*

5 Verkürzte Adjektivformen

Einige Adjektive werden **vor männlichen Substantiven** im Singular verkürzt:

bueno	→ **buen**	**un buen vino** – *ein guter Wein*
malo	→ **mal**	**un mal estudiante** – *ein schlechter Student*

6 Mehrfachbezug

Bezieht sich ein Adjektiv auf mehrere Substantive oder Personen verschiedenen Geschlechts, so wird die **männliche** Pluralform verwendet:

Ana y Pablo están cansados. – *Ana und Pablo sind müde.*

7 Besondere Schreibweise im Plural

Bei der Pluralbildung kann es zu Änderungen in der Schreibweise oder in der Akzentsetzung kommen, damit die Aussprache bzw. die Betonung erhalten bleibt.

El niño está feliz. – *Das Kind ist glücklich.*
Los niños están felices. – *Die Kinder sind glücklich.*
Chema es joven. – *Chema ist jung.*
Chema y Jordi son jóvenes. – *Chema und Jordi sind jung.*

8 Die Steigerung

Ein sehr hoher Grad bzw. der höchste Grad einer Eigenschaft wird ausgedrückt, indem man das Adverb **muy** *(sehr)* verwendet bzw. die Endung **-ísimo/-a /-os /-as** anhängt.
Trägt das Adjektiv in seiner Grundform einen Akzent, so fällt dieser zu Gunsten des Akzents auf **-ísimo** weg.

Bei Adjektiven, die auf Konsonant enden, wird direkt **-ísimo** angehängt:

muy fácil → facilísimo – *sehr leicht*

Bei Adjektiven, die auf Vokal enden, wird **-ísimo** anstelle des Endvokals angefügt:

muy caro → carísimo – *sehr teuer*
muy grande → grandísimo – *sehr groß*

Damit die Aussprache erhalten bleibt, muss sich manchmal die Schreibweise ändern:

muy largo → larguísimo – *sehr lang*
muy rico → riquísimo – *sehr reich*

ℹ️

Besonders ausdrucksstarke Adjektive, wie z. B. **fantástico**, können keine Form mit der Endung **-ísimo** bilden. Stattdessen kann man sie mit **realmente** verstärken:
fantástico – *toll* → **realmente fantástico** – *echt toll*

9 Vergleiche

- <u>**Gleichheit:**</u> **tan** + Adjektiv + **como** – *so ... wie*

  Para mí hacer deporte es tan importante como salir con los amigos. – *Für mich ist Sport treiben so wichtig wie mit Freunden auszugehen.*

  tanto/-a/-os/-as + Substantiv + **como** – *so viel(e) ... wie*

  Chema tiene tantos amigos como Jordi. – *Chema hat so viele Freunde wie Jordi.*

  tanto/-a /-os /-as stimmt mit dem Substantiv in Geschlecht und Zahl überein.

- <u>**Überlegenheit:**</u> **más** + Adjektiv + **que** – *mehr ... als*

  Comer en la cantina es más práctico que comer en casa. – *In der Kantine zu essen ist praktischer als zu Hause zu essen.*

- <u>**Unterlegenheit:**</u> **menos** + Adjektiv + **que** – *weniger ... als*

  Un pájaro es menos pesado que un perro. – *Ein Vogel ist leichter (= weniger schwer) als ein Hund.*

...

Einige Adjektive haben unregelmäßige Formen für den Vergleich der Überlegenheit, z. B.:
bueno/-a – *gut* → **mejor** – *besser*
malo/-a – *schlecht* → **peor** – *schlechter*

1 Der Unterschied zwischen Adjektiven und Adverbien

Während Adjektive ein Substantiv näher bestimmen, bestimmen Adverbien ein Verb, ein Adjektiv, ein anderes Adverb oder einen ganzen Satz näher. Die folgenden Beispiele veranschaulichen den Unterschied zwischen Adjektiven und Adverbien:

Im folgenden Satz bestimmt das Wort **buen** das Substantiv **restaurante** näher, **buen** ist also ein Adjektiv:

Es un buen restaurante. – *Das ist ein gutes Restaurant.*

Im folgenden Satz bestimmt das Wort **bien** das Verb **comer** näher, **bien** ist also ein Adverb:

En este restaurante se come bien. – *In diesem Restaurant isst man gut.*

Adverbien sind im Gegensatz zu Adjektiven unveränderlich.

2 Adverbien auf *-mente*

Adverbien können im Spanischen von Adjektiven abgeleitet werden, indem man die Endung -**mente** an die weibliche Form des Adjektivs anhängt:

seguro/-a – *sicher* → **segur**amente – *sicherlich*

Wenn das Adjektiv nur eine Form für männlich und weiblich hat, hängt man die Endung -**mente** direkt an:

fácil – *einfach* → **fácil**mente – *einfach, mühelos*

3 Unregelmäßige Adverbien

bien und **mal** sind die entsprechenden Adverbien zu den Adjektiven **bueno/-a** und **malo/-a**:

Ellos se entienden bien. – *Sie verstehen sich gut.*

Julio habla mal de su jefe. – *Julio spricht schlecht von seinem Chef.*

4 Adverbien bzw. adverbiale Ausdrücke der Häufigkeit

siempre *immer*	**casi nunca** *fast nie*
normalmente *normalerweise*	**nunca** *nie*
con frecuencia *oft, häufig*	**todos los días** *jeden Tag*
varias veces *mehrmals*	**cada día** *jeden Tag*
algunas veces *einige Male*	**una vez al día / a la semana** *einmal am Tag / in der Woche*
a veces *manchmal*	**una vez por día / por semana** *einmal am Tag / in der Woche*
una vez *einmal*	**dos veces al mes / al año** *zweimal im Monat / im Jahr*
raramente *selten*	**dos veces por día / por año** *zweimal am Tag / im Jahr*

Ortsangaben

aquí – *hier* | **ahí** – *da* | **allí** – *dort*

arriba – *(nach) oben* | **abajo** – *(nach) unten*

encima – *oben (drauf)* | **debajo** – *(dr)unten*

delante – *davor* | **detrás** – *dahinter*

cerca – *in der Nähe* | **lejos** – *weit*

dentro – *drinnen* | **fuera** – *draußen*

¿Hay alguna farmacia cerca? – *Gibt es eine Apotheke in der Nähe?*

¿Adónde vas? – **Abajo, al sótano.** – *Wohin gehst du? – Nach unten, in den Keller.*

Die Adverbien **encima, delante, cerca, dentro, debajo, detrás, lejos** und **fuera** werden auch mit der Präposition **de** gebraucht und ändern dann ihre Bedeutung!
fuera – *draußen*, aber **fuera de** – *außerhalb*
debajo – *unten*, aber **debajo de** – *unter*

6 muy / mucho

muy *(sehr)* und **mucho** als Adverb *(sehr, viel)* sind unveränderlich.

muy steht vor Adjektiven (z. B. **amable**) oder Adverbien (z. B. **tarde**):

Es un chico muy amable. – *Er ist ein sehr netter Junge.*

¡Es muy tarde! – *Es ist sehr spät!*

mucho steht nach dem Verb, auf das es sich bezieht, oder allein:

Nos hemos divertido mucho. – *Wir haben uns sehr amüsiert.*

¿Le ha gustado, abuela? – **¡Mucho!** – *Hat es Ihnen gefallen, Großmutter? – Sehr!*

mucho kann auch als Adjektiv auftreten. In diesem Fall gleicht es sich an das Substantiv an, auf das es sich bezieht:

Tengo muchas amigas en Méjico. – *Ich habe viele Freundinnen in Mexiko.*

§ 5   **PRONOMEN**

Subjekt	direktes Objekt	indirektes Objekt	Reflexiv	mit Präposition
yo	me	me	me	a mí / conmigo
tú	te	te	te	a ti / contigo
él	lo / le	le (se)	se	él
ella	la	le (se)	se	ella
usted	lo / le, la	le (se)	se	usted
nosotros nosotras	nos	nos	nos	nosotros nosotras

vosotros vosotras	os	os	os	vosotros vosotras
ellos	los / les	les (se)	se	ellos
ellas	las	les (se)	se	ellas
ustedes	los / les, las	les (se)	se	ustedes

1 Personalpronomen

Personalpronomen als Subjekt

Da das Subjekt des Satzes bereits aus der Endung des spanischen Verbs ersichtlich ist, entfällt das Subjektpronomen in der Regel:

Vamos a dar un paseo, ¿quieres venir? – *Wir machen einen Spaziergang. Kommst du mit?*

Das Subjektpronomen wird gebraucht, um die Identität des Subjektes besonders hervorzuheben. Dies ist häufig in kontrastiven Gegenüberstellungen der Fall:

¿Tú no eres de aquí, verdad? – **No, yo soy de Holanda.**
– Du bist nicht von hier, oder? – Nein, ich komme aus Holland.

Personalpronomen als direktes / indirektes Objekt

Das Objekt eines Satzes erscheint zu Betonungszwecken oft doppelt. Dies ist vor allem bei Verben des Typs **me gusta** *(ich mag)*, **me interesa** *(mich interessiert)*, **me parece** *(mir scheint)* etc. der Fall.
A mí me gusta el café. – *Ich mag gerne Kaffee.*

Wenn das Objekt dem Verb vorangeht, ist das zusätzliche Objektpronomen obligatorisch:

No conozco a Carmen. – *Ich kenne Carmen nicht.*
Aber: **A Carmen no la conozco.** – *Ich kenne Carmen nicht.*

Stellung der Pronomen

Im Regelfall steht das Pronomen direkt **vor** dem Verb:
Te he visto en el bar. – *Ich habe dich in der Bar gesehen.*

Aber: Wenn das Verb als Infinitiv oder bejahter Imperativ erscheint, wird das Pronomen nachgestellt und bildet mit der Verbform ein einziges Wort:

Decirlo es fácil, hacerlo no. – *Es ist leichter gesagt als getan.*

¡Hazlo pronto! – *Mach es bald!*

Nach Verben wie **me gusta, me interesa** … **+ Infinitiv** steht das Pronomen ebenfalls hinter dem Infinitiv:

Me interesa aceptarlo. – *Ich bin geneigt es anzunehmen.*

Bei einem konjugierten Verb **+ Infinitiv** oder **Gerundium** sind beide Positionen möglich:

No lo quiero hacer. Oder: **No quiero hacerlo.**
– *Ich möchte es nicht machen.*

No me estás escuchando. Oder: **No estás escuchándome.**
– *Du hörst mir ja gar nicht zu.*

Das indirekte Objektpronomen geht dem direkten voraus:

¿Te gusta la camisa? Me la ha regalado Carmen.
– *Gefällt dir die Bluse? Carmen hat sie mir geschenkt.*

Bei folgender Kombination wird dabei **le / les** zu **se**:

le / les + **lo / la / los / las** → **se lo / la / los / las**

Le he mandado una carta. Se la ha mandado.
– *Ich habe ihm / ihr einen Brief geschickt. Ich habe ihn ihm / ihr geschickt.*

2 Possessivpronomen

vor Substantiv		nach Substantiv / **ser** / bestimmtem Artikel	
Singular	Plural	Singular	Plural
mi	mis	mío/-a	míos/-as
tu	tus	tuyo/-a	tuyos/-as
su	sus	suyo/-a	suyos/-as
nuestro/-a	nuestros/-as	nuestro/-a	nuestros/-as
vuestro/-a	vuestros/-as	vuestro/-a	vuestros/-as
su	sus	suyo/-a	suyos/-as

¿Éste es mi diccionario? – *Ist das hier mein Wörterbuch?*

– No, éste es mío, el tuyo está en la mesa.
– *Nein, dieses hier ist meins, deins liegt auf dem Tisch.*

Da die Formen **su** / **sus** ohne einen näheren Kontext mehrdeutig sind, kann zur eindeutigen Bezeichnung des Besitzers die Präposition **de** gebraucht werden:

su libro → **el libro de** Sara, **el libro de** ellos, etc.

3 Demonstrativpronomen

Este, **ese** und **aquel** *(der hier / der da / der dort)* drücken unterschiedliche Grade der zeitlichen und/oder räumlichen Distanz zum Sprecher aus. Diese Grade lassen sich durch die Adverbien **aquí**, **ahí** und **allí** *(hier / da / dort)* beschreiben.

aquí – *hier*	**ahí** – *da*	**allí** – *dort*	
este	ese	aquel	**libro** *(Buch)*
esta	esa	aquella	**casa** *(Haus)*
estos	esos	aquellos	**libros**
estas	esas	aquellas	**casas**
esto	eso	aquello	

esta gramática – *die Grammatik (hier)*
ese hombre – *der Mann (da)*
aquellas montañas – *die Berge (dort)*

Wenn diese Formen nicht adjektivisch (z. B.: **Esta mañana he estado en el médico.** – *Heute Morgen war ich beim Arzt.*), sondern als Pronomen verwendet werden, werden sie normalerweise mit einem Akzent versehen. Dieser ist mittlerweile aber nicht mehr obligatorisch:

¿Cuál te gusta más, éste o aquél?
– *Welcher gefällt dir besser? Der hier oder der dort?*

Die neutralen Formen **esto**, **eso** und **aquello** erscheinen nur als Pronomen und werden daher nie mit Akzent geschrieben. Sie stehen für nicht genauer identifizierte Dinge und Sachverhalte:

¿Cómo se llama esto en español? – *Wie heißt das auf Spanisch?*

Yo de eso no sé nada. – *Davon weiß ich nichts.*

4 Fragepronomen

qué	**¿Qué significa «papelera»?** – *Was bedeutet „papelera"?*
qué + Substantiv	**¿Qué maleta es la tuya?** – *Welcher ist dein Koffer?*
Präposition + qué	**¿En qué piensas?** – *Woran denkst du?* **¿Por qué no vienes?** – *Warum kommst du nicht?* **¿Para qué quieres mi foto?** – *Wofür brauchst du mein Foto?*
cuál/-es (nie vor Substantiv)	**¿Cuál quieres, el rojo o el azul?** – *Welches willst du, das rote oder das blaue?* **¿Cuáles son tus maletas?** – *Welches sind deine Koffer?*
quién/-es	**¿Quién te ha invitado?** – *Wer hat dich eingeladen?*
dónde	**¿Dónde vives?** – *Wo lebst du?*

adónde	**¿Adónde vas?** – *Wohin gehst du?*
cuándo	**¿Cuándo es tu cumpleaños?** – *Wann hast du Geburtstag?*
cuánto/-a/ -os/-as	**¿Cuánto cuesta?** – *Wie viel kostet das?* **¿Cuántos hermanos tienes?** – *Wie viele Geschwister hast du?*
cómo	**¿Cómo te llamas?** – *Wie heißt du?*

Diese Pronomen werden auch für Ausrufe gebraucht:

¡Qué buen día hace! – *Welch ein schöner Tag!*

¡Cuánto lo siento! – *Das tut mir so leid!*

· ·

§ 6 PRÄPOSITIONEN

a + el = al   **de + el = del**

¿Vamos al cine esta tarde? – *Gehen wir heute Abend ins Kino?*

Voy a pedir el menú del día. – *Ich werde das Tagesmenü bestellen.*

Einen häufigen Stolperstein stellen die Präpositionen **por** und **para** dar.

por steht bei:

- <u>**Grund, Ursache**</u>**:**
  Lo hago **por amor.** – *Das mache ich aus Freundlichkeit.*
  luchar **por la paz** – *für den Frieden kämpfen*
  por eso – *daher*

- <u>**Tageszeiten**</u>**:**
  por la mañana – *vormittags*

- <u>**Bewegung durch einen Raum**</u>**:**
  salir **por la puerta** – *durch die Tür hinausgehen*

- <u>**Mittel**</u>**:**
  por teléfono – *per Telefon*
  por escrito – *schriftlich*

para steht bei:

- <u>**Zweck, Bestimmung**</u>**:**
  Hay una carta **para ti**. – *Es gibt einen Brief für dich.*

- <u>**Termin, Frist**</u>**:**
  para mañana – *bis morgen*

- <u>**Richtung, Ziel**</u>**:**
  el tren **para Córdoba** – *der Zug nach Córdoba*

- <u>**Meinung**</u>**:**
  Para mí, chatear es una pérdida de tiempo.
  – *Meiner Ansicht nach ist Chatten Zeitverschwendung.*

§ 7 VERBEN: GEBRAUCH DER ZEITEN

1 Perfecto

Das **Perfekt** ist eine Vergangenheitsform, die in enger Beziehung zur Gegenwart steht. Es wird deshalb zusammen mit Zeitangaben gebraucht, die auf die Gegenwart bzw. auf einen noch gegenwärtigen Zeitraum hinweisen: **hoy** *(heute)*, **esta mañana** *(heute morgen)*, **esta semana** *(diese Woche)*, **este año** *(dieses Jahr)* etc.

¿Qué has hecho hoy? – *Was hast du heute gemacht?*

Este año he trabajado mucho. – *Dieses Jahr habe ich viel gearbeitet.*

Außerdem wird das Perfekt für Ereignisse gebraucht, deren Zeitpunkt nicht näher bestimmt wird bzw. keine Rolle spielt. Diese werden von Ausdrücken wie den folgenden begleitet: **alguna vez** *(einmal)*, **todavía no** *(noch nicht)*, **muchas veces** *(oft)*, **nunca** *(nie / niemals)* etc.

¿Has estado alguna vez en Madrid? – *Bist du schon einmal in Madrid gewesen?*

No hemos ido nunca a Valencia. – *Wir sind nie nach Valencia gefahren.*

Wenn ein Pronomen – sei es ein direktes, ein indirektes oder ein Reflexivpronomen – ein Verb im Perfekt begleitet, steht es unmittelbar vor der Form von **haber**.

Los chicos no se han lavado las manos.
– *Die Kinder haben sich nicht die Hände gewaschen.*

¿Has visto a la abuela en el bar de Paco?
– *Hast du die Großmutter in der Bar von Paco gesehen?*
Sí, la he visto. – *Ja, ich habe sie gesehen.*

Im Falle einer Verneinung steht diese nicht wie sonst üblich direkt vor dem Verb, sondern vor dem Pronomen:

No, no la he visto. – *Nein, ich habe sie nicht gesehen.*

2 Pluscuamperfecto

Mit der Vergangenheitsform des **Plusquamperfekts** wird auf etwas verwiesen, das noch vor einem weiteren, ebenfalls in der Vergangenheit liegenden Ereignis anzusiedeln ist:

Quería comprar el nuevo disco de Juanes, pero cuando llegué ya habían cerrado la tienda. – *Ich wollte das neue Album von Juanes kaufen, aber als ich ankam, hatte der Laden schon zu.*

3 Indefinido

Das **Indefinido** wird für Handlungen oder Ereignisse verwendet, die vom Sprechenden als abgeschlossen betrachtet werden. Es steht deshalb häufig in Verbindung mit Zeitangaben wie **el otro día** *(neulich),* **ayer** *(gestern),* **la semana pasada** *(letzte Woche),* **el mes pasado** *(letzten Monat),* **el año pasado** *(letztes Jahr),* **en 1970** etc.

El otro día vi a Ana en el médico y hablamos un rato.
– Neulich sah ich Ana beim Arzt, und wir unterhielten uns eine Weile.

····

Das **Indefinido** wird in einigen Regionen Spaniens und in den meisten Ländern Lateinamerikas anstelle des Perfekts benutzt: **¿Adónde fuiste hoy? / ¿Adónde has ido hoy?** *– Wohin bist du heute gegangen?*

4 Imperfecto

Das **Imperfekt** dient der Beschreibung vergangener Zustände, Situationen und Umstände.

• **Beschreibung eines Zustandes:**

¡Estábamos preocupadísimas! *– Wir waren sehr besorgt!*

• **Beschreibung eines Gegenstandes bzw. Sachverhaltes:**

El hotel era fantástico. *– Das Hotel war fantastisch.*

• **Beschreibung einer Person:**

Tenía los ojos azules. *– Er / Sie hatte blaue Augen.*

• **Beschreibung einer Situation:**

Hacía mucho calor. *– Es war sehr warm.*

• **Beschreibung von wiederholten Handlungen und Gewohnheiten:**

Cuando tenía tu edad, iba a bailar a las verbenas.
*– Als ich in deinem Alter war, bin ich (immer) auf die Dorffeste
zum Tanzen gegangen.*

• **Beschreibung einer Situation, die den Hintergrund bzw.
  den Umstand für eine neu eintretende Handlung bildet**
  (die neue Handlung steht dann im **Indefinido** oder **Perfekt**):

**La temperatura era muy agradable, había mucha gente en la
plaza y el grupo musical era excelente, así que decidimos
sentarnos en una terraza y tomar algo.** *– Die Temperatur war
sehr angenehm, es waren viele Leute auf dem Platz und die Musik-
gruppe war ausgezeichnet. Also haben wir entschieden, uns in eine
Bar mit Terrasse zu setzen und etwas zu trinken.*

Das **Imperfekt** steht häufig mit Angaben wie **antes** *(früher)*,
siempre *(immer)*, **todos los días** *(jeden Tag)*, **mientras** *(wäh-
rend)* etc.

Das **Indefinido** hingegen, mit dem neu einsetzende Hand-
lungen ausgedrückt werden, steht häufig mit Angaben wie
entonces *(dann)*, **de repente** *(plötzlich)*, **de pronto** *(auf ein-
mal)*, **enseguida** *(sofort)*, **un día** *(eines Tages)* etc.

5 Futuro

Mit dem Futur spricht man über bzw. äußert man:

• **zukünftige Geschehnisse, Handlungen oder Zustände:**

Yo te llamaré mañana. *– Ich werde dich morgen anrufen.*

- **Vermutungen:**

¿Dónde está Pepe? – Estará en el garaje.
– Wo ist Pepe? – Er wird wohl in der Garage sein.

- **offene und rhetorische Fragen:**

¿Dónde estarán mis gafas? *– Wo wohl meine Brille ist?*

6 Condicional

Den **Konditional** verwendet man in den nachstehend aufgezählten Zusammenhängen.

- **Bedingte oder imaginäre Situationen:**

Sin mis amigos no podría ser feliz. *– Ohne meine Freunde könnte ich nicht glücklich sein.*

Ahora me gustaría tomarme un baño. *– Jetzt würde ich gerne ein Bad nehmen.*

- **Vermutungen bezüglich etwas Vergangenem:**

¿Por qué no vino Andrés? – Tendría cosas que hacer.
– Warum ist Andrés nicht gekommen? – Er hatte sicher zu tun.

- **Höflichkeitsform oder Milderung einer Aufforderung:**

¿Podrías hablar en voz baja?, por favor. *– Könntest du bitte leise sprechen?*

- **Ratschläge:**

Creo que deberías hablar con ella. *– Ich denke, du solltest mit ihr sprechen.*

- **Indirekte Rede mit einleitendem Verb in einer Vergangenheitsform:**

Dijo que la reunión empezaría a las ocho. – *Er / Sie sagte, die Versammlung würde um acht beginnen.*

- **Unwahrscheinliche, jedoch (zumindest theoretisch) mögliche Bedingungssätze** (**Subjuntivo** im **si**-Satz):

Si conociera / conociese mejor a Marta hablaría con ella.
– Wenn ich Marta besser kennen würde, würde ich mit ihr sprechen.

Si tuviéramos / tuviésemos alas, podríamos volar.
– Wenn wir Flügel hätten, könnten wir fliegen.

7 Subjuntivo

Der **Subjuntivo** wird prinzipiell zum Ausdruck einer subjektiven Sichtweise verwendet.

- **Ausdruck von Vermutungen in Hauptsätzen:**

Tal vez hayan encontrado atasco. – *Vielleicht sind sie in einen Stau geraten.*

Quizá no hayan recibido nuestra postal. – *Vielleicht haben sie unsere Postkarte nicht bekommen.*

- **Mit *que* eingeleitete Ausrufesätze, die eine Willens- oder Wunschäußerung ausdrücken:**

¡Qué te mejores! – *Gute Besserung!*

¡Qué **aproveche**! – *Guten Appetit!*

• **Zahlreiche feststehende Ausdrücke**:
pase lo que **pase** – *egal, was geschieht*
o **sea** – *das heißt*

• **Wiedergabe von Befehlsformen in der indirekten Rede**:

Dice el jefe que te quedes y hables con él.
– *Der Chef sagt, du sollst bleiben und mit ihm sprechen.*

• **Relativsätze, wenn nicht die Wirklichkeit, sondern ein Wunsch, eine Vorstellung oder eine Eventualität beschrieben wird**:

Quiero un bolso que tenga las asas de metal.
– *Ich will eine Tasche mit Griffen aus Metall.*

Busco un piso que esté cerca del centro.
– *Ich suche eine Wohnung in Zentrumsnähe.*

• **Mit *que* eingeleitete Nebensätze nach**:

1. Willensäußerungen (Wünsche, Befehle, Bitten, Erlaubnis,
   Rat, Absicht, Vorschläge und Angebote):
Quiero que vayas a la ciudad. – *Ich möchte, dass du in die Stadt fährst.*

¿Desean que los acompañe? – *Soll ich Sie begleiten?*

2. Gefühlsäußerungen (Gemütszustände, Hoffnung, Furcht,
   Freude, Bedauern, Erstaunen):
Espero que estés bien. – *Ich hoffe, es geht dir gut.*

Me alegra que hayas venido. – *Es freut mich, dass du gekommen bist.*

3. Meinungsäußerungen, Bewertungen, Reaktionen:
Tengo ganas de que lleguen las vacaciones. – *Ich möchte, dass (endlich) Ferien sind.*

No hace falta que vengáis. – *Ihr braucht nicht zu kommen.*

Es gibt Verben, die in der bejahten Form mit dem Indikativ stehen, während ihre Verneinung den **Subjuntivo** verlangt. Das sind die Verben der persönlichen Meinungsäußerung, des Glaubens und Denkens. Ausschlaggebend ist, dass das Verb des Hauptsatzes verneint ist, nicht das des Nebensatzes:

No creo que vaya a venir. – *Ich glaube nicht, dass er / sie kommen wird.*

No pienso que sea interesante. – *Ich denke nicht, dass es interessant ist.*

§ 8   *SER* **UND** *ESTAR*

1 Die Verwendung von *ser*

ser wird für folgende Angaben verwendet:

• <u>Namen, Identität:</u>

Yo soy Chema. – *Ich bin Chema.*
Esta es mi hermana. – *Das ist meine Schwester.*

- **Herkunft, Nationalität:**

Rosita es mejicana. – *Rosita ist Mexikanerin.*

- **Beruf, Stellung:**

Agustín es jefe del departamento de ventas. – *Agustín ist Leiter der Verkaufsabteilung.*

- **charakteristische Eigenschaften von Personen und Dingen:**

Chema y Jordi son muy simpáticos. – *Chema und Jordi sind sehr sympathisch.*

México es un país fantástico. – *Mexiko ist ein tolles Land.*

- **Uhrzeit:**

Es la una y media. – *Es ist halb zwei.*
Son las ocho. – *Es ist acht Uhr.*

2 Die Verwendung von *estar*

estar wird für folgende Angaben verwendet:

- **geografische / örtliche Lage:**

El bolso está encima de la mesa. – *Die Tasche ist auf dem Tisch.*

- **persönliches Befinden:**

¿Cómo está usted? – *Wie geht es Ihnen?*

- <u>**vorübergehende oder veränderliche Zustände und Eigenschaften:**</u>

La habitación está desordenada. – *Das Zimmer ist unordentlich.*

Estoy muy contenta en Madrid. – *Ich bin sehr zufrieden in Madrid.*

- <u>**Bewertungen für Speisen und Getränke:**</u>

Estas naranjas están muy ricas. – *Diese Orangen sind sehr lecker.*

- <u>**mit dem Adverb** *bien***:**</u>

¿Está bien así? – *Ist es gut so?*

Bitte beachten Sie, dass einige Adjektive jeweils eine andere Bedeutung haben, je nachdem ob sie mit **ser** oder **estar** gebraucht werden:

ser cansado/-a – *ermüdend / anstrengend sein*
estar cansado/-a – *müde sein*

. . . .

§ 9   GERUNDIO

Um eine Handlung, die gerade stattfindet, zu beschreiben, verwendet man die Struktur **estar + Gerundium**:

¡Estoy preparando algo de cena! – *Ich koche gerade etwas zum Abendessen!*

Das **Gerundium** lässt sich sehr leicht vom Infinitiv ableiten:

Verben auf -**ar** erhalten die Endung -**ando**; Verben auf -**er** und -**ir** die Endung -**iendo**:

trabaj**ar** – *arbeiten* → **trabaj****ando**

com**er** – *essen* → **com****iendo**

viv**ir** – *leben* → **viv****iendo**

Es gibt auch einige unregelmäßige Formen des Gerundiums. Folgendes ist zu beachten

- **Änderung des Stammvokals e → i** (wie bei den Präsensformen der entsprechenden Verben):

d**e****cir** → **d****i****ciendo**   **div****e****rtir** → **div****i****rtiendo**
– *sagen*   – *unterhalten*

- **Änderung des Stammvokals o → u:**

d**o****rmir** → **d****u****rmiendo**   **m****o****rir** → **m****u****riendo**
– *schlafen*   – *sterben*

Wenn der Verbstamm auf einen Vokal endet, wird die Endung **-iendo** zu **-yendo**:

le**er** → **le****yendo**   **o****ír** → **o****yendo**
– *lesen*   – *hören*

Das Gerundium von **ir** *(gehen)* lautet **yendo**.

Wenn ein Satz mit Gerundium ein Pronomen enthält, steht dieses entweder vor der Form von **estar** oder es wird an das Gerundium angehängt. In diesem Fall ist ein Akzent erforderlich, damit die Betonung erhalten bleibt:

Le estoy escribiendo una carta. Oder: **Estoy escribiéndole una carta.** – *Ich schreibe ihm / ihr gerade einen Brief.*

¿Te estás afeitando, Agustín? Oder: **¿Estás afeitándote, Agustín?** – *Rasierst du dich gerade, Agustín?*

Das Gerundium kann auch allein vorkommen. Es steht dann anstelle eines Nebensatzes, der im Deutschen mit *indem* oder *wenn* eingeleitet wird.

Comiendo en la cantina se ahorra tiempo y dinero. – *Wenn man in der Kantine isst, spart man Zeit und Geld.*

Sehr häufig tritt das Gerundium nicht mit **estar**, sondern in Verbindung mit den Verben **pasar** *(verbringen)* und **seguir** *(weitermachen)* auf:

Yo siempre paso las tardes leyendo. – *Ich verbringe die Abende immer mit Lesen.*

Vamos a seguir buscando. – *Lass / Lasst uns weitersuchen.*

··

§ 10   VERNEINUNG

No steht vor dem Verb, das verneint werden soll, und vor den mit ihm verbundenen Personal- und Reflexivpronomen:

No, no trabajo. – *Nein, ich arbeite nicht.*

No tengo dinero. – *Ich habe kein Geld.*

No me encuentro bien. – *Mir geht es nicht gut.*

No steht auch in den Konstruktionen mit **nada** *(nichts)*, **nadie** *(niemand)*, **ninguno** *(keiner)*, **nunca** *(nie)* und **tampoco** *(auch nicht)*, wenn diese Wörter nicht den Satzanfang bilden:

En esta tienda no me gusta nada. – *In diesem Laden gefällt mir nichts.*

Este reloj no me gusta nada. – *Diese Uhr gefällt mir überhaupt nicht.*

Aber: **Nada me apetece, no sé lo que me pasa.**
– *Ich habe zu nichts Lust, ich weiß nicht, was mit mir los ist.*

<u>**ni...ni**</u> – *weder ... noch:*

No bebo ni té ni café. – *Ich trinke weder Tee noch Kaffee.*

<u>**no...sino**</u> – *nicht ..., sondern:*

Él no es médico sino enfermero. – *Er ist nicht Arzt, sondern Krankenpfleger.*

<u>**ya no...(más)**</u> – *nicht mehr:*

Antes fumaba, pero ya no fumo. – *Früher habe ich geraucht, aber jetzt rauche ich nicht mehr.*

He comido demasiado, ya no puedo más. – *Ich habe zu viel gegessen; ich kann nicht mehr.*

§ 11 KONJUNKTIONEN UND NEBENSÄTZE

Bei den unterordnenden Konjunktionen ist im Spanischen immer zu beachten, ob sie den Indikativ oder den **Subjuntivo** nach sich ziehen.

1 Temporale Konjunktionen

cuando – *wenn*

tan pronto como / en cuanto – *sobald*

después de que – *nachdem*

desde que – *seit*

hasta que – *bis*

} + Indikativ oder **Subjuntivo**

antes de que – *bevor* → + **Subjuntivo**

cuando + Vergangenheit – *als* → + Indikativ

Für Temporalsätze mit *als* kann auch **al + Infinitiv** stehen:
Al ver el desorden se llevó un susto.
– Als er / sie die Unordnung sah, bekam er / sie einen Schreck.

Der **Subjuntivo** wird gebraucht, wenn die Handlung des temporalen Nebensatzes aus der Perspektive des Hauptsatzes in der Zukunft liegt:

Cuando tenga tiempo, iré a nadar. *– Wenn ich Zeit habe, werde ich schwimmen gehen.*

Dijo que cuando tuviera tiempo, iría a nadar.
– Er hat gesagt, dass er schwimmen gehen werde, wenn er Zeit habe.

Aber: **Cuando tengo tiempo voy a nadar.**
– (Immer) wenn ich Zeit habe, gehe ich schwimmen.

Konjunktionen wie **antes de** (**que**) *(bevor)*, **después de** (**que**) *(nachdem)* und **hasta** (**que**) *(bis)* werden mit Infinitiv gebraucht, wenn das Subjekt in Haupt- und Nebensatz identisch ist. In diesem Fall stehen sie ohne **que**. Die gleiche Regel gilt für die finalen Konjunktionen:

Antes de salir tienes que hacer los deberes.
– Bevor du rausgehst, musst du Hausaufgaben machen.

Aber: **Antes de que venga tu madre tienes que hacerlos.**
– Bevor deine Mutter kommt, musst du sie machen.

2 Finale Konjunktionen

para que – *damit / um ... zu*   **+ Subjuntivo**

He llamado a un técnico para que repare la calefacción.
– Ich habe einen Handwerker angerufen, damit er die Heizung repariert. (2 Subjekte!)

Aber: **Ha venido un técnico para reparar la calefacción.**
– Ein Handwerker ist gekommen, um die Heizung zu reparieren. (1 Subjekt!)

3 Konsekutive Konjunktionen

por lo tanto – *darum*
así que – *also*
de manera / modo que – *so dass*

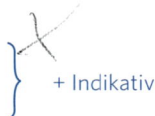 + Indikativ

Es tarde, así que date prisa. – *Es ist spät, also beeil dich.*

4 Kausale Konjunktionen

como (am Satzanfang) – *da*
porque – *weil*
ya que / puesto que – *da ja*

 + Indikativ

¿Por qué no has llamado antes? – *Warum hast du nicht früher angerufen?*

– Porque no he tenido tiempo. / Como no he tenido tiempo, no he llamado. – *Weil ich keine Zeit hatte. / Weil ich keine Zeit hatte, habe ich nicht angerufen.*

5 Konzessive Konjunktionen

aunque / a pesar de que – *obwohl*

 + Indikativ oder **Subjuntivo**

Der Indikativ wird gebraucht, wenn die Information als einfache Tatsache dargestellt werden soll:

Aunque vive muy cerca de mí, nunca nos vemos.
– Obwohl er / sie ganz in meiner Nähe wohnt, sehen wir uns nie.

Aunque no sé francés, quiero ir a Paris.
– Obwohl ich kein Französisch kann, möchte ich nach Paris fahren.

Der **Subjuntivo** steht:

• <u>wenn die Information eine Reaktion auf vorhergehende Äußerungen darstellt:</u>

Es verdad que no sé francés, pero, aunque no sepa francés, quiero ir a Paris. – *Es ist wahr, dass ich kein Französisch kann, aber auch wenn ich kein Französisch kann, möchte ich nach Paris fahren.*

• <u>wenn die Information eine Hypothese beinhaltet:</u>

Aunque lleva, iremos al campo. – *Auch wenn es regnet, fahren wir ins Grüne.*

Aunque me obligaran a hacerlo, no lo haría. – *Selbst wenn man mich zwingen würde, es zu tun, würde ich es nicht tun.*

6 Modale Konjunktionen

como / **según** – wie   + Indikativ oder **Subjuntivo**

Der **Subjuntivo** steht, wenn die Art und Weise, wie sich etwas darstellt oder in der etwas ausgeführt wird, für den Sprecher offen oder unbekannt ist.

Hazlo como quieras (**Subjuntivo**). – *Mach es, wie (auch immer) du willst.*

Aber: **Lo hice como querías** (Indikativ).
– Ich habe es so gemacht, wie du es wolltest.

Lo haremos según nos digan (**Subjuntivo**). – *Wir werden es so machen, wie sie es uns sagen.*

Aber: **Lo voy a hacer según me han dicho** (Indikativ). – *Ich werde es so machen, wie sie es mir gesagt haben.*

7 Konditionale Konjunktionen

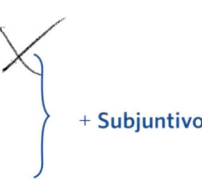

en caso de que – *falls*

a no ser que – *es sei denn, dass*

siempre que – *vorausgesetzt, dass*

como – *wenn*

\} **+ Subjuntivo**

En caso de que me necesites, llámame al móvil.
– *Falls du mich brauchst, ruf mich auf dem Handy an.*

Como no estudies más, vas a suspender.
– *Wenn du nicht mehr lernst, wirst du durchfallen.*

- -

 § 12   BEDINGUNGSSÄTZE MIT *SI*

1 Mögliche oder wahrscheinliche Bedingungen

si-Satz	Hauptsatz
si + Indikativ Präsens	Indikativ Präsens Futur Imperativ

Si hace buen tiempo, podemos dar un paseo.
– *Wenn gutes Wetter ist, können wir spazieren gehen.*

Si tu no puedes, yo iré a comprar.
– *Wenn du nicht kannst, werde ich einkaufen gehen.*

Si te gusta ese chico, ¡llámalo!
– *Wenn dir dieser Junge gefällt, ruf ihn an!*

2 Unwahrscheinliche Bedingungen

si-Satz	Hauptsatz
si + Subjuntivo Imperfecto	Konditional

Si fuera tú, aceptaría ese trabajo.
– *Wenn ich du wäre, würde ich diese Arbeit annehmen.*

3 Unmögliche Bedingungen

si-Satz	Hauptsatz
si + Subjuntivo Pluscuamperfecto	Konditional zusammengesetzter Konditional **Subjuntivo Pluscuamperfecto**

Si no lo hubiera hecho él, lo haría yo.
– *Wenn er es nicht gemacht hätte, würde ich es tun.*

Si hubieras llegado un poco antes, lo habrías / hubieras visto. – *Wenn du etwas früher gekommen wärst, hättest du ihn gesehen.*

Die Verben im Spanischen werden ihren Infinitivendungen entsprechend in drei Gruppen eingeteilt:

1. Konjugation: Verben mit Endung auf **-ar**

2. Konjugation: Verben mit Endung auf **-er**

3. Konjugation: Verben mit Endung auf **-ir**

Die regelmäßigen Verben werden im Präsens folgendermaßen konjugiert:

1 Regelmäßige Verben auf **-ar**

An den Wortstamm (d. h. das, was übrig bleibt, wenn man die Endung **-ar** weglässt) werden die folgenden Endungen angehängt:

trabaj*ar* – *arbeiten*

yo	trabaj**o**	*ich arbeite*
tú	trabaj**as**	*du arbeitest*
él / ella / usted	trabaj**a**	*er / sie / es arbeitet / Sie arbeiten*
nosotros/-as	trabaj**amos**	*wir arbeiten*
vosotros/-as	trabaj**áis**	*ihr arbeitet*
ellos/-as / ustedes	trabaj**an**	*sie / Sie arbeiten*

2 Regelmäßige Verben auf -er

An den Wortstamm werden die folgenden Endungen angehängt:

com*er* – *essen*

yo	com**o**	*ich esse*
tú	com**es**	*du isst*
él / ella / usted	com**e**	*er / sie / es isst / Sie essen*
nosotros/-as	com**emos**	*wir essen*
vosotros/-as	com**éis**	*ihr esst*
ellos/-as / ustedes	com**en**	*sie / Sie essen*

3 Regelmäßige Verben auf -ir

An den Wortstamm werden die folgenden Endungen angehängt:

vivir – *wohnen, leben*

yo	viv**o**	*ich lebe*
tú	viv**es**	*du lebst*
él / ella / usted	viv**e**	*er / sie / es lebt / Sie leben*
nosotros/-as	viv**imos**	*wir leben*
vosotros/-as	viv**ís**	*ihr lebt*
ellos/-as / ustedes	viv**en**	*sie / Sie leben*

· ·

§v 2 UNREGELMÄSSIGE VERBEN IM PRÄSENS

Die unregelmäßigen Verben werden im Präsens nach den folgenden Mustern konjugiert:

1 Unregelmäßigkeit nur in der 1. Person Singular

Viele Verben werden nur in der ersten Person Singular Präsens unregelmäßig konjugiert:

hacer – *machen, tun*

yo	ha**go**	*ich mache*
tú	hac**es**	*du machst*
él / ella / usted	hac**e**	*er / sie / es macht / Sie machen*
nosotros/-as	hac**emos**	*wir machen*
vosotros/-as	hac**éis**	*ihr macht*
ellos/-as / ustedes	hac**en**	*sie / Sie machen*

Auch bei den folgenden Verben ist die erste Person Singular unregelmäßig. Alle anderen Formen werden wie bei regelmäßigen Verben auf **-er** gebildet:

poner → yo pongo
– stellen, legen, geben

traer → yo traigo
– bringen

conocer → yo conozco
– kennen(lernen)

saber → yo sé
– wissen

ver → yo veo
– sehen

Das Verb **estar** weist als weitere Unregelmäßigkeit einen Akzent in den meisten Formen auf.

estar *– sein, sich befinden, liegen*

yo	estoy	ich bin
tú	est**á**s	*du bist*
él / ella / usted	est**á**	*er / sie / es ist / Sie sind*
nosotros/-as	estamos	*wir sind*
vosotros/-as	est**á**is	*ihr seid*
ellos/-as / ustedes	est**á**n	*sie / Sie sind*

2 Unregelmäßige Verben mit Änderung im Stamm

Bei einigen Verben ändert sich der Stammvokal in den Formen, bei denen die Betonung auf den Wortstamm fällt, also bei allen Formen außer der ersten und der zweiten Person Plural.

e → ie:
querer – *wollen, möchten*

yo	**qu**i**e**ro	*ich will*
tú	**qu**i**e**res	*du willst*
él / ella / usted	**qu**i**e**re	*er / sie / es will / Sie wollen*
nosotros/-as	**que**remos	*wir wollen*
vosotros/-as	**que**réis	*ihr wollt*
ellos/-as / ustedes	**qu**i**e**ren	*sie / Sie wollen*

Dasselbe Phänomen ist bei den folgenden Verben zu beachten:

prefe**rir**   →   **yo pref**i**e**ro
– *vorziehen*   **nosotros/-as pref**e**rimos**

empe**zar**   →   **yo emp**i**e**zo
– *anfangen*   **nosotros/-as emp**e**zamos**

pe**nsar**   →   **yo p**i**e**nso
– *denken*   **nosotros/-as p**e**nsamos**

se**ntir(se)**   →   **yo (me) s**i**e**nto
– *(sich) fühlen*   **nosotros/-as (nos) s**e**ntimos**

Bei einigen Verben ist ein Vokalwechsel **o → ue** zu beobachten:

po**der**   →   **yo p**u**e**do
– *können, dürfen*   **nosotros/-as p**o**demos**

Unregelmäßige Verben im Präsens

almorzar → yo alm**ue**rzo
– *zu Mittag essen* nosotros/-as alm**o**rzamos

aco**starse** → yo me ac**ue**sto
– *ins Bett gehen* nosotros/-as nos ac**o**stamos

do**rmir** – *schlafen* → yo d**ue**rmo
nosotros d**o**rmimos

do**ler** – *weh tun* → me d**ue**le

···   i

doler wird mit dem indirekten Pronomen verwendet:
Me duele la mano. – *Mir tut die Hand weh.*
Le duele la cabeza. – *Er / Sie hat Kopfschmerzen.*
¿Qué te duele? – *Was tut dir weh?*

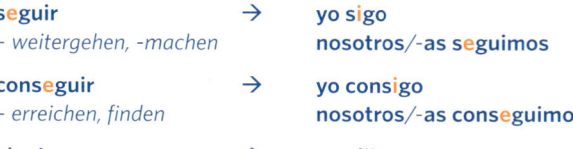

Die folgenden Verben haben einen Vokalwechsel e → i:

se**guir** → yo s**i**go
– *weitergehen, -machen* nosotros/-as s**e**guimos

conse**guir** → yo cons**i**go
– *erreichen, finden* nosotros/-as cons**e**guimos

ele**gir** → yo el**i**jo
– *(aus)wählen* nosotros/-as el**e**gimos

fre**ír** → yo fr**í**o
– *frittieren, braten* nosotros/-as fr**e**ímos

pedir → **yo pido**
– *bestellen*   **nosotros/-as pedimos**

repetir → **yo repito**
– *wiederholen*   **nosotros/-as repetimos**

servir → **yo sirvo**
– *dienen*   **nosotros/-as servimos**

vestir → **yo visto**
– *kleiden*   **nosotros/-as vestimos**

Bei den Verben **seguir** *(weitergehen)*, **conseguir** *(erreichen)* und **elegir** *(auswählen)* ist außerdem zu beachten, dass es in der ersten Person Singular zu einer orthografischen Veränderung kommt, damit die Aussprache erhalten bleibt.

-gu- → -g-:

seguir – *folgen* → **yo sigo**
conseguir – *erreichen* → **yo consigo**

-g- → -j-:

elegir – *auswählen* → **yo elijo**

3 Gemischte Verben

Diese Verben haben nicht nur eine unregelmäßige erste Person Singular, sondern sie weisen auch eine Veränderung des Stammvokals auf.

Unregelmäßige Verben im Präsens

tener – *haben*

yo	**te**n**g**o	*ich habe*
tú	**tie**nes	*du hast*
él / ella / usted	**tie**ne	*er / sie / es hat / Sie haben*
nosotros/-as	**te**nemos	*wir haben*
vosotros/-as	**te**néis	*ihr habt*
ellos/-as / ustedes	**tie**nen	*sie / Sie haben*

decir – *sagen*

yo	**di**g**o**	*ich sage*
tú	**di**ces	*du sagst*
él / ella / usted	**di**ce	*er / sie / es sagt / Sie sagen*
nosotros/-as	**de**cimos	*wir sagen*
vosotros/-as	**de**cís	*ihr sagt*
ellos/-as / ustedes	**di**cen	*sie / Sie sagen*

4 Besonders unregelmäßige Verben

ser – *sein*

yo	**soy**	*ich bin*
tú	**eres**	*du bist*
él / ella / usted	**es**	*er / sie / es ist / Sie sind*
nosotros/-as	**somos**	*wir sind*
vosotros/-as	**sois**	*ihr seid*
ellos/-as / ustedes	**son**	*sie / Sie sind*

ir – *gehen*

yo	**voy**	*ich gehe*
tú	**vas**	*du gehst*
él / ella / usted	**va**	*er / sie / es geht / Sie gehen*
nosotros/-as	**vamos**	*wir gehen*
vosotros/-as	**vais**	*ihr geht*
ellos/-as / ustedes	**van**	*sie / Sie gehen*

§ᵛ 3 PERFECTO

Das Perfekt wird aus einer Präsensform von **haber** + **Partizip Perfekt** gebildet, z. B. **He** trabaj**ado**. – *Ich habe gearbeitet.*

Die Verben auf -**ar** bilden das Partizip mit der Endung -**ado**.

cantar → **cant**ado   **tom**ar → **tom**ado
– *singen*   – *nehmen*

Die Verben auf -**er** und -**ir** enden im Partizip auf -**ido**.

comer → **com**ido   **viv**ir → **viv**ido
– *essen*   – *leben*

Zusammengesetzt sieht das Perfekt dann wie folgt aus:

yo	**he** – *habe*	**trabaj**ado
tú	**has** – *hast*	*gearbeitet*
él / ella / usted	**ha** – *hat / haben*	**com**ido
nosotros/-as	**hemos** – *haben*	*gegessen*
vosotros/-as	**habéis** – *habt*	**viv**ido
ellos/-as / ustedes	**han** – *haben*	*gelebt*

Einige Verben haben unregelmäßige Partizipformen:

abrir → **abierto** *(geöffnet)*   **hacer** → **hecho** *(gemacht)*
decir → **dicho** *(gesagt)*   **escribir** → **escrito** *(geschrieben)*
ver → **visto** *(gesehen)*   **volver** → **vuelto** *(zurückgekehrt)*
poner → **puesto** *(gestellt, gesetzt, gelegt)*

---

 4   PLUSCUAMPERFECTO

Das Plusquamperfekt wird aus einer Imperfektform von **haber** + **Partizip Perfekt** gebildet.

yo	**había** – *hatte*	
tú	**habías** – *hattest*	**trabaj**ado *gearbeitet*
él / ella / usted	**había** – *hatte / hatten*	**com**ido *gegessen*
nosotros/-as	**habíamos** – *hatten*	
vosotros/-as	**habíais** – *hattet*	**viv**ido *gelebt*
ellos/-as / ustedes	**habían** – *hatten*	

---

 5   IMPERFECTO

1 Regelmäßige Formen

Das Imperfekt der meisten Verben wird nach einem sehr regelmäßigen Muster gebildet:

Verben, die im Infinitiv auf **-ar** enden, erhalten im Imperfekt die folgenden Endungen:
-aba, **-abas**, **-aba**, **-ábamos**, **-abais**, **-aban**

Verben, die im Infinitiv auf **-er** oder **-ir** enden, haben folgende Imperfektendungen:
-ía, -ías, -ía, -íamos, -íais, -ían

Verben auf	-ar	-er	-ir
yo	**trabaj**aba	**com**ía	**viv**ía
tú	**trabaj**abas	**com**ías	**viv**ías
él / ella / usted	**trabaj**aba	**com**ía	**viv**ía
nosotros/-as	**trabaj**ábamos	**com**íamos	**viv**íamos
vosotros/-as	**trabaj**abais	**com**íais	**viv**íais
ellos/-as / ustedes	**trabaj**aban	**com**ían	**viv**ían

2 Unregelmäßige Formen

ser – *sein*   → **era, eras, era, éramos, erais, eran**
ver – *sehen*   → **veía, veías, veía, veíamos, veíais, veían**
ir – *gehen*   → **iba, ibas, iba, íbamos, ibais, iban**

Das Imperfekt von **hay** *(es gibt)* lautet **había** *(es gab)*.

 6   **INDEFINIDO**

1 Regelmäßige Formen

Die Endungen des **Indefinido** der regelmäßigen Verben auf **-ar** lauten:
-é, -aste, -ó, -amos, -asteis, -aron

Die Endungen des **Indefinido** der regelmäßigen Verben auf **-er** und **-ir** lauten:

-í, -iste, -ió, -imos, -isteis, -ieron

Verben auf	-ar	-er	-ir
yo	**trabajé**	**comí**	**viví**
tú	**trabajaste**	**comiste**	**viviste**
él / ella / usted	**trabajó**	**comió**	**vivió**
nosotros/-as	**trabajamos**	**comimos**	**vivimos**
vosotros/-as	**trabajasteis**	**comisteis**	**vivisteis**
ellos/-as / ustedes	**trabajaron**	**comieron**	**vivieron**

2 Unregelmäßige Formen

Bei unregelmäßigen **Indefinido**-Formen ist auf die Veränderung im Verbstamm zu achten. Die Endungen lauten normalerweise:

-e, -iste, -o, -imos, -isteis, -ieron.

tener – *haben* → **tuve, tuviste, tuvo** etc.

estar – *sein* → **estuve, estuviste, estuvo** etc.

saber – *wissen* → **supe, supiste, supo** etc.

poder – *können* → **pude, pudiste, pudo** etc.

poner – *legen, stellen, setzen* → **puse, pusiste, puso** etc.
(**proponer** – *vorschlagen* wird wie **poner** konjugiert.)

hay – *es gibt* → **hubo**

querer – *wollen*   → **quise, quisiste, quiso** etc.

venir – *kommen*   → **vine, viniste, vino** etc.

Bei einigen Verben sind zusätzliche Besonderheiten zu beachten:

hacer – *machen*   → **hice, hiciste, hizo** etc.

decir – *sagen*   → **dije, dijiste, dijo** etc., **dijeron**

traer – *bringen*   → **traje, trajiste, trajo** etc., **trajeron**

buscar – *suchen*   → **busqué, buscaste, buscó** etc.

empezar – *anfangen*   → **empecé, empezaste, empezó** etc.

llegar – *ankommen*   → **llegue, llegaste, llegó** etc.

leer – *lesen*   → **leí, leíste, leyó** etc., **leyeron**

creer – *glauben*   → **creí, creíste, creyó** etc., **creyeron**

Bei Verben auf **-ir**, die im Präsens einen Vokalwechsel haben, z. B. **pedir** *(bitten)* → **pido**; **divertirse** *(sich freuen)* → **me divierto**; **dormir** *(schlafen)* → **duermo** wechselt im **Indefinido** der Stammvokal von **e** zu **i** bzw. von **o** zu **u**. Dieser Wechsel findet aber nur in der 3. Person Singular und Plural statt: **pedir** → **pidió, pidieron**; **divertirse** → **divirtió, divirtieron**; **dormir** → **durmió, durmieron**

ser *(sein)* und **ir** *(gehen)* haben im **Indefinido** identische Formen.

yo	**fui**	*ich war / ging*
tú	**fuiste**	*du warst / gingst*
él / ella / usted	**fue**	*er / sie / es war / Sie waren*
		er / sie / es ging / Sie gingen
nosotros/-as	**fuimos**	*wir waren / gingen*
vosotros/-as	**fuisteis**	*ihr wart / gingt*
ellos/-as / ustedes	**fueron**	*sie / Sie waren / gingen*

· ·

 7   FUTURO

1 Regelmäßige Formen

Die regelmäßig gebildeten Futurformen bestehen aus **Infinitiv** + **Futurendung** -é, -ás, -á, -emos, -éis, -án.

Verben auf	-ar	-er	-ir
yo	trabajaré	comeré	viviré
tú	trabajarás	comerás	vivirás
él / ella / usted	trabajará	comerá	vivirá
nosotros/-as	trabajaremos	comeremos	viviremos
vosotros/-as	trabajaréis	comeréis	viviréis
ellos/-as / ustedes	trabajarán	comerán	vivirán

Aussagen über die Zukunft werden alternativ mit einer Form von **ir** + **a** + **Infinitiv** gemacht.
Voy a decirle la verdad – *Ich werde ihm / ihr die Wahrheit sagen.*

2 Unregelmäßige Formen

Die Futurendungen der unregelmäßigen Verben sind identisch mit denen der regelmäßigen. Lediglich der Stamm ändert sich:

Infinitiv	Futur (1. Pers. Sing.)	Infinitiv	Futur (1. Pers. Sing.)
decir – *sagen*	**diré**	**hacer** – *machen*	**haré**
poder – *können*	**podré**	**poner** – *legen*	**pondré**
tener – *haben*	**tendré**	**saber** – *wissen*	**sabré**
salir – *ausgehen*	**saldré**	**venir** – *kommen*	**vendré**

 §v 8 CONDICIONAL

1 Einfache Formen

Die regelmäßigen Formen des Konditionals bildet man, indem man die Endungen **-ía**, **-ías**, **-ía**, **-íamos**, **-íais**, **-ían** an die Infinitivform des Verbs hängt:

Verben auf	-ar	-er	-ir
yo	trabajaría	comería	viviría
tú	trabajarías	comerías	vivirías
él / ella / usted	trabajaría	comería	viviría
nosotros/-as	trabajaríamos	comeríamos	viviríamos
vosotros/-as	trabajaríais	comeríais	viviríais
ellos/-as / ustedes	trabajarían	comerían	vivirían

Bei den unregelmäßigen Formen des Konditionals sind dieselben Änderungen des Verbstamms zu beachten wie bei den unregelmäßigen Futurformen.

2 Zusammengesetzte Formen

Die zusammengesetzten Formen des Konditionals werden aus der jeweiligen Konditionalform von **haber** + **Partizip Perfekt** gebildet.

yo	habría – *hätte*	trabaj**ado**
tú	habrías – *hättest*	*gearbeitet*
él / ella / usted	habría – *hätte / hätten*	com**ido**
nosotros/-as	habríamos – *hätten*	*gegessen*
vosotros/-as	habríais – *hättet*	viv**ido**
ellos/-as / ustedes	habrían – *hätten*	*gelebt*

Ein Beispiel für den zusammengesetzten Konditional:

Yo lo habría hecho de otra forma. – *Ich hätte es anders gemacht.*

 9   **SUBJUNTIVO**

1 Präsensformen

Die Präsensformen des **Subjuntivo** der Verben auf -**ar** entsprechen (bis auf die 1. Person Singular) den Präsensformen des Indikativs der Verben auf -**er**.

Die Verben auf -**er** und -**ir** erhalten (bis auf die 1. Person Singular) im **Subjuntivo** Präsens die Indikativendungen der Verben auf -**ar**.

Verben auf	-ar	-er	-ir
yo	trabaje	coma	viva
tú	trabajes	comas	vivas
él / ella / usted	trabaje	coma	viva
nosotros/-as	trabajemos	comamos	vivamos
vosotros/-as	trabajéis	comáis	viváis
ellos/-as / ustedes	trabajen	coman	vivan

Stammwechsel im Indikativ werden im **Subjuntivo** beibehalten:

querer – *wollen* → **quiero** (Indikativ)

→ **quiera** (**Subjuntivo**)

Verben, die im Indikativ Präsens nur in der 1. Person unregelmäßig sind, behalten diesen Stamm in allen Formen des **Subjuntivo**:

tener – *haben* → ten**go** (Indikativ)
  → ten**ga**, ten**gas** etc. (**Subjuntivo**)

2 Unregelmäßige Verben im Präsens

	ir *– gehen*	**saber** *– wissen*	**ver** *– sehen*
yo	vaya	sepa	vea
tú	vayas	sepas	veas
él / ella / usted	vaya	sepa	vea
nosotros/-as	vayamos	sepamos	veamos
vosotros/-as	vayáis	sepáis	veáis
ellos/-as / ustedes	vayan	sepan	vean

3 Imperfektformen

Der **Subjuntivo** des Imperfekts wird aus dem Stamm der 3. Person Plural Indikativ **Indefinido** + Endung des **Subjuntivo** gebildet. Diese Regel gilt ausnahmslos für alle spanischen Verben. Als Imperfektendungen des **Subjuntivo** gibt es die beiden folgenden Varianten, von denen die erste häufiger im Gebrauch ist:

-ra, **-ras**, **-ra**, **-ramos**, **-rais**, **-ran** ~~x~~ Mexico

-se, **-ses**, **-se**, **-semos**, **-seis**, **-sen**

Verben auf	-ar	-er	-ir
yo	trabajara trabajase	comiera comiese	viviera viviese
tú	trabajaras trabajases	comieras comieses	vivieras vivieses
él / ella / usted	trabajara trabajase	comiera comiese	viviera viviese
nosotros/-as	trabajáramos trabajásemos	comiéramos comiésemos	viviéramos viviésemos
vosotros/-as	trabajarais trabajaseis	comierais comieseis	vivierais vivieseis
ellos/-as / ustedes	trabajaran trabajasen	comieran comiesen	vivieran viviesen

4 Zusammengesetzte Formen

Die zusammengesetzten Formen des **Subjuntivo** werden
parallel zu denen des Indikativs aus der entsprechenden Form
des **Subjuntivo** von **haber** + **Partizip Perfekt** gebildet.

Subjuntivo von	haber im Präsens	haber im Imperfekt
yo	haya	hubiera / hubiese
tú	hayas	hubieras / hubieses
él / ella / usted	haya	hubiera / hubiese
nosotros/-as	hayamos	hubiéramos / hubiésemos
vosotros/-as	hayáis	hubierais / hubieseis
ellos/-as / ustedes	hayan	hubieran / hubiesen

Ein Beispiel für **Subjuntivo** im Perfekt:

¡Ojalá no hayan tenido problemas!
– Hoffentlich hatten sie keine Probleme.

Ein Beispiel für **Subjuntivo** im Plusquamperfekt:

Si me hubieras avisado antes, te habría acompañado.
– Wenn du mir vorher Bescheid gesagt hättest, hätte ich dich begleitet.

§ᵛ 10 IMPERATIVO

Verben auf	-ar	-er	-ir
tú	habla	come	vive
	no hables	no comas	no vivas
usted	hable	coma	viva
	no hable	no coma	no viva
nosotros	hablemos	comamos	viva
	no hablemos	no comamos	no vivamos
vosotros	hablad	comed	vivid
	no habléis	no comáis	no viváis
ustedes	hablen	coman	vivan
	no hablen	no coman	no vivan

Beim Imperativ der reflexiven Verben entfällt in der 2. Person Plural das -**d**-.

¡Sentados! ¡Sentaos!, por favor. *– Setzt euch, bitte.*

Unregelmäßige Formen in der 2. Person Singular sind z. B.:

decir *(sagen)*	→ **di**	**hacer** *(machen)*	→ **haz**
ir *(gehen)*	→ **ve**	**poner** *(setzen, stellen)*	→ **pon**
salir *(ausgehen)*	→ **sal**	**tener** *(haben)*	→ **ten**
venir *(kommen)*	→ **ven**		

§ᵛ 11   MODALVERBEN

1 werden: *ponerse, hacerse, volverse, convertirse, ser*

• <u>ponerse</u> + Adjektiv
Cuando llueve me pongo triste.
– *Wenn es regnet, werde ich traurig.*

• <u>hacerse</u> + Adjektiv
Se hizo rico vendiendo vino.
– *Er wurde reich, indem er Wein verkaufte.*

• <u>volverse</u> + Adjektiv
Con todo este ruido me voy a volver loco.
– *Bei all dem Lärm werde ich verrückt.*

• <u>convertirse en</u> + Substantiv
Ahora es el jefe y se ha convertido en un tirano.
– *Jetzt ist er der Chef und zum Tyrannen geworden.*

• <u>querer + ser</u> – *werden wollen*
De mayor quiero ser arquitecta.
– *Wenn ich groß bin, will ich Architektin werden.*

2 können: *poder, saber*

• poder
¿Puedes ayudarme?, no puedo más.
– Kannst du mir helfen? Ich kann nicht mehr.

• saber
No sé hablar ruso. *– Ich kann kein Russisch.*

3 dürfen: *poder, estar permitido*

• poder
Aquí no se puede aparcar. *– Hier darf man nicht parken.*

• estar permitido
Aquí no está permitido fumar. *– Hier darf man nicht rauchen.*

4 müssen / sollen: *hay que, tener que, deber*

• hay que
Hay que arreglar el aire acondicionado.
– Die Klimaanlage muss repariert werden.

• tener que
Tienes que decirme la verdad. *– Du musst mir die Wahrheit sagen.*

• deber
Deberías hacer deporte. *– Du solltest Sport treiben.*

§ᵛ 12 REFLEXIVE VERBEN

Reflexive Verben erkennt man an der Infinitivendung **-se**, z. B. **ducharse** *(sich duschen)*, **llamarse** *(heißen)*. In den konjugierten Formen steht das entsprechende Reflexivpronomen vor dem konjugierten Verb (**Reflexivpronomen** + **Verbform**)

yo	**me llamo**	*ich heiße*
tú	**te llamas**	*du heißt*
él / ella / usted	**se llama**	*er / sie / es heißt / Sie heißen*
nosotros/-as	**nos llamamos**	*wir heißen*
vosotros/-as	**os llamáis**	*ihr heißt*
ellos/-as / ustedes	**se llaman**	*sie / Sie heißen*

Beachten Sie, dass einige Verben im Spanischen reflexiv gebraucht werden, die im Deutschen nicht reflexiv sind, z. B. **levantarse** *(aufstehen)* oder **llamarse** *(heißen)*.

§ᵛ 13 PASSIV UND KONSTRUKTIONEN MIT *MAN*

1 Das Passiv mit *ser*

Das Passiv mit **ser** als Hilfsverb gehört fast ausschließlich der **geschriebenen** und eher **gehobenen Sprache** an.

ser + **Partizip Perfekt** (+ **por** + **Substantiv**)

Esa maestra es respetada por todos los alumnos.
– Diese Lehrerin wird von allen Schülern respektiert.

Estos jardines fueron construidos en 1750 por un arquitecto italiano. *– Diese Gärten wurden 1750 von einem italienischen Architekten angelegt.*

Das **Partizip** richtet sich in der Passivkonstruktion in Geschlecht und Zahl nach dem Subjekt des Satzes.

Wenn nicht ein Vorgang, sondern ein **Zustand** passivisch beschrieben werden soll, wird **estar** + **Partizip Perfekt** gebraucht:

La comida ya está hecha. *– Das Essen ist schon gemacht.*

Im **mündlichen Sprachgebrauch** würde man die Passiv-konstruktion mit **ser** vermeiden und obige Beispielsätze folgendermaßen bilden:

A esa maestra la respetan todos los alumnos.
– Diese Lehrerin respektieren alle Schüler.

Estos jardines los construyó un arquitecto italiano en 1750.
– Diese Gärten legte ein italienischer Architekt im Jahre 1750 an.

2 Reflexives Passiv

Das häufig gebrauchte sogenannte reflexive Passiv mit **se** wird mit aktivem Verb gebildet. Der Urheber der Handlung wird nicht näher bestimmt:

¿Qué lenguas se hablan en España? – *Welche Sprachen werden in Spanien gesprochen?*

En los últimos años se han construido muchos edificios en esta zona. – *In den letzten Jahren sind viele Gebäude in dieser Gegend gebaut worden.*

3 Konstruktionen mit *man*

Die deutschen Konstruktionen mit *man* werden im Spanischen wie das reflexive Passiv gebildet:

Nunca se sabe. – *Man weiß nie.*

¿Se puede pasar? – *Darf man reinkommen?*

Eine weitere Möglichkeit, Aussagen zu machen, ohne den Urheber der Handlung zu nennen, bietet die 3. Person Plural:

Dicen que van a aumentar el gasto en educación.
– Angeblich sollen die Bildungsausgaben erhöht werden. (= Man sagt / Es heißt, dass ...)

§ᵛ 14 **KONJUGATIONSÜBERSICHT**

1 Die wichtigsten unregelmäßigen Verbformen

dar *(geben)*			Participio : dado
Presente	**Indefinido**	**Futuro**	**Subj. presente**
doy	di	daré	dé
das	diste	darás	des
da	dio	dará	dé
damos	dimos	daremos	demos
dais	disteis	daréis	deis
dan	dieron	darán	den

decir *(sagen)*			Participio : dicho
Presente	**Indefinido**	**Futuro**	**Subj. presente**
digo	dije	diré	diga
dices	dijiste	dirás	digas
dice	dijo	dirá	diga
decimos	dijimos	diremos	digamos
decís	dijisteis	diréis	digáis
dicen	dijeron	dirán	digan

dormir (schlafen)   Participio : dormido

Presente	Indefinido	Futuro	Subj. presente
duermo	dormí	dormiré	duerma
duermes	dormiste	dormirás	duermas
duerme	durmió	dormirá	duerma
dormimos	dormimos	dormiremos	durmamos
dormís	dormisteis	dormiréis	durmáis
duermen	durmieron	dormirán	duerman

estar (sein)   Participio : estado

Presente	Indefinido	Futuro	Subj. presente
estoy	estuve	estaré	esté
estás	estuviste	estarás	estés
está	estuvo	estará	esté
estamos	estuvimos	estaremos	estemos
estáis	estuvisteis	estaréis	estéis
están	estuvieron	estarán	estén

haber (haben)   Participio : habido

Presente	Indefinido	Futuro	Subj. presente
he	hube	habré	haya
has	hubiste	habrás	hayas
ha	hubo	habrá	haya
hemos	hubimos	habremos	hayamos
habéis	hubisteis	habréis	hayáis
han	hubieron	habrán	hayan

hacer (machen)   Participio : hecho

Presente	Indefinido	Futuro	Subj. presente
hago	hice	haré	haga
haces	hiciste	harás	hagas
hace	hizo	hará	haga
hacemos	hicimos	haremos	hagamos
hacéis	hicisteis	haréis	hagáis
hacen	hicieron	harán	hagan

ir (gehen)   Participio : ido

Presente	Indefinido	Futuro	Subj. presente
voy	fui	iré	vaya
vas	fuiste	irás	vayas
va	fue	irá	vaya
vamos	fuimos	iremos	vayamos
vais	fuisteis	iréis	vayáis
van	fueron	irán	vayan

poder (können)   Participio : podido

Presente	Indefinido	Futuro	Subj. presente
puedo	pude	podré	pueda
puedes	pudiste	podrás	puedas
puede	pudo	podrá	pueda
podemos	pudimos	podremos	podamos
podéis	pudisteis	podréis	podáis
pueden	pudieron	podrán	puedan

VERBEN

poner (setzen, stellen, legen)   Participio : puesto

Presente	Indefinido	Futuro	Subj. presente
pongo	puse	pondré	ponga
pones	pusiste	pondrás	pongas
pone	puso	pondrá	ponga
ponemos	pusimos	pondremos	pongamos
ponéis	pusisteis	pondréis	pongáis
ponen	pusieron	pondrán	pongan

querer (mögen)   Participio : querido

Presente	Indefinido	Futuro	Subj. presente
quiero	quise	querré	quiera
quieres	quisiste	querrás	quieras
quiere	quiso	querrá	quiera
queremos	quisimos	querremos	queramos
queréis	quisisteis	querréis	queráis
quieren	quisieron	querrán	quieran

saber (wissen)   Participio : sabido

Presente	Indefinido	Futuro	Subj. presente
sé	supe	sabré	sepa
sabes	supiste	sabrás	sepas
sabe	supo	sabrá	sepa
sabemos	supimos	sabremos	sepamos
sabéis	supisteis	sabréis	sepáis
saben	supieron	sabrán	sepan

sentir *(fühlen)*
Participio : sentido

Presente	Indefinido	Futuro	Subj. presente
siento	sentí	sentiré	sienta
sientes	sentiste	sentirás	sientas
siente	sintió	sentirá	sienta
sentimos	sentimos	sentiremos	sintamos
sentís	sentisteis	sentiréis	sintáis
sienten	sintieron	sentirán	sientan

tener *(haben)*
Participio : tenido

Presente	Indefinido	Futuro	Subj. presente
tengo	tuve	tendré	tenga
tienes	tuviste	tendrás	tengas
tiene	tuvo	tendrá	tenga
tenemos	tuvimos	tendremos	tengamos
tenéis	tuvisteis	tendréis	tengáis
tienen	tuvieron	tendrán	tengan

venir *(kommen)*
Participio : venido

Presente	Indefinido	Futuro	Subj. presente
vengo	vine	vendré	venga
vienes	viniste	vendrás	vengas
viene	vino	vendrá	venga
venimos	vinimos	vendremos	vengamos
venís	vinisteis	vendréis	vengáis
vienen	vinieron	vendrán	vengan

ver *(sehen)*   Participio : visto

Presente	Indefinido	Futuro	Subj. presente
veo	vi	veré	vea
ves	viste	verás	veas
ve	vio	verá	vea
vemos	vimos	veremos	veamos
veis	visteis	veréis	veáis
ven	vieron	verán	vean

→← 1 WORTSCHATZ UND WORTBILDUNG

1 Falsche Freunde – *falsos amigos*

Viele spanische Wörter ähneln deutschen Wörtern, haben aber eine ganz andere Bedeutung. Es folgt eine Liste der häufigsten Stolperfallen mit den korrekten deutschen Entsprechungen.

Verben		
absolver	~~absolvieren~~	→ *freisprechen*
fundir	~~fundieren~~	→ *schmelzen; gießen*
sortear	~~sortieren~~	→ *(aus)losen*
Adjektive		
alto/-a	~~alt~~	→ *groß; hoch*

ambulante	~~ambulant~~	→ *umhergehend, herumziehend*
bravo/-a	~~brav~~	→ *tapfer, mutig*
fundido/-a	~~fundiert~~	→ *geschmolzen; kaputt*
lujurioso/-a	~~luxuriös~~	→ *wolllüstig, lüstern*
módico/-a	~~modisch~~	→ *ermäßigt, erschwinglich*
principal	~~prinzipiell~~	→ *hauptsächlich, wesentlich*

Substantive

asistenta	~~Assistentin~~	→ *Haushaltshilfe*
bala	~~Ball~~	→ *Kugel; Ballen*
betún	~~Beton~~	→ *Bitumen; Schuhcreme*
cigarrillo	~~Zigarillo~~	→ *Zigarette*
cimiento	~~Zement~~	→ *Fundament*
complemento	~~Kompliment~~	→ *Ergänzung*
feria	~~Ferien~~	→ *Messe, Markt*
gesta	~~Geste~~	→ *Heldentat*
gimnasio	~~Gymnasium~~	→ *Turnhalle*
poste	~~Post~~	→ *Pfosten; Mast*
raqueta	~~Rakete~~	→ *Tennis(schläger)*
regalo	~~Regal~~	→ *Geschenk; Genuss*
tapete	~~Tapete~~	→ *kleine Tischdecke*
vaso	~~Vase~~	→ *Glas*

Schule, Universität und Arbeit

colaborador/-a	~~Kollaborateur(in)~~	→ *Mitarbeiter(in)*
concurrente	~~Konkurrent(in)~~	→ *Teilnehmer(in)*

dirigente	~~Dirigent(in)~~	→ Leiter(in); Manager(in)
disertación	~~Dissertation~~	→ Abhandlung, Vortrag
labor	~~Labor~~	→ (Hand)arbeit
mapa	~~Mappe~~	→ Landkarte

Finanzen

balance	~~Balance~~	→ Bilanz
estado	~~Etat~~	→ Staat; Zustand
flauta	~~Flaute~~	→ Flöte
importe	~~Import~~	→ Betrag, Summe
pleito	~~Pleite~~	→ Prozess; Streit

Essen

bombón	~~Bonbon~~	→ Praline
delicadeza	~~Delikatesse~~	→ Zartheit; Feinfühligkeit
desierto	~~Dessert~~	→ Wüste; Einöde
prisa	~~Prise~~	→ Eile

Kleidung

brocha	~~Brosche~~	→ großer Pinsel
capa	~~Kappe~~	→ Umhang; Cape
mantel	~~Mantel~~	→ Tischtuch
vestido	~~Weste~~	→ Kleidung; Kleid

Falsche Freunde bei der Wortbildung

Wenn sich in verschiedenen Sprachen unterschiedliche Präfixe (Vorsilben) oder Suffixe (Nachsilben) durchsetzen, kann dies zu weiteren falschen Freunden führen:

• **Präfixe** (Vorsilben)

aterrorizar – *terrorisieren*
desleal – *illoyal*
deslealtad – *Illoyalität*
entrenamiento – *Training*
extraoficial – *inoffiziell*

inorgánico – *anorganisch*
matrícula – *Immatrikulation*
matricular – *immatrikulieren*
perfil – *Profil*
puntuación – *Interpunktion*

• **Suffixe** (Nachsilben)

abono – *Abonnement*
adaptación – *Adaption*
agencia – *Agentur*
anonimato – *Anonymität*
a propósito – *apropos*
atracción – *Attraktivität*
bloqueo – *Blockade*
capítulo – *Kapitel*
clasicismo – *Klassik*
compositor – *Komponist*
computadora – *Computer*
contenedor – *Container*

depósito – *Depot*
erotismo – *Erotik*
escalada – *Eskalation*
esquimal – *Eskimo*
exportación – *Export*
homogéneo – *homogen*
importación – *Import*
indio – *indianisch*
naturaleza – *Natur*
príncipe – *Prinz*
productor – *Produzent*
visado – *Visum*

2 Problematische Verben

Manche spanische Verben werden in Anlehnung an deutsche Strukturen teilweise falsch verwendet. Hier finden Sie die jeweils richtigen Verben.

dar

~~déme~~ **páseme al Señor X**	*geben Sie mir Herrn X (am Telefon)*
~~dar~~ **llevar el coche al taller**	*sein Auto in Reparatur geben*
dar una bofetada	*eine Ohrfeige geben*
darle **a alguien el número de teléfono**	*jemandem die / seine Telefonnummer geben*

dejar

~~dejar~~ **hacer venir al médico**	*den Arzt kommen lassen*
~~dejar cortar~~ **cortarse el pelo**	*sich die Haare schneiden lassen*
dejar abierto/-a	*offen lassen*
déjame **en paz**	*lass mich in Ruhe / Frieden*

hacer

~~hacer~~ **poner triste**	*traurig machen*
~~hacer~~ **dar miedo**	*Angst machen*
hacer deporte	*Sport machen*
hacer un trabajo	*eine Arbeit machen*

traer

~~traer~~ **llevar alguien a casa**	*jemanden nach Hause bringen*
~~traer~~ **poner en orden**	*in Ordnung bringen*
traer una carta	*einen Brief bringen*
traer buena suerte	*Glück bringen*

tomar

~~tomar~~ **coger un trozo de tarta**	*ein Stück vom Kuchen nehmen*
~~tomar~~ **sacar la mano del bolsillo**	*die Hand aus der Tasche nehmen*

tomar el autobús　　　　*den Bus nehmen*
tomar un baño　　　　　*ein Bad nehmen*

3 Unterschiedlich konstruierte Verben

Spanische Verben mit Dativ

Manche Verben werden im Spanischen anders konstruiert als im Deutschen. In vielen Fällen sind dies Verben, bei denen die handelnde Person im Spanischen im Dativ steht:

Me encanta la playa. – *Es gefällt mir gut am Strand.*
A Ramón le gusta el verano. – *Der Sommer gefällt Ramón.*
A mí me parece simple. – *Das kommt mir einfach vor.*
Le duele la cabeza. – *Ihm / Ihr tut der Kopf weh.*
¿Qué te pasa? – *Was hast du?*

Reflexiv oder nicht reflexiv?

Andere Verben sind in einer der beiden Sprachen reflexiv, in der anderen jedoch nicht:

casarse – *heiraten*　　　　　**levantarse** – *aufstehen*
llamarse – *heißen*　　　　　**descansar** – *sich ausruhen*

Das Verb **bañarse** wird verwendet, wenn man selbst badet:

Me baño antes de acostarme. – *Ich bade vor dem Schlafengehen.*

Die nicht reflexive Form **bañar** wird nur dann verwendet, wenn jemand anderes gebadet wird:

Aún tengo que bañar a los niños. – *Ich muss noch die Kinder baden.*

Im Falle von **ir** hat die reflexive Form, also **irse**, eine andere Bedeutung als die nicht reflexive Form **ir**:

¡Que ya voy! – *Ich komm ja schon!*
Aber: **Me voy ahora mismo.** – *Ich gehe gleich.*

Im Gegensatz zum Deutschen stehen die Reflexivpronomen im Spanischen vor dem konjugierten Verb:

Me lavo. – *Ich wasche mich.*
Esto se puede arreglar. – *Das lässt sich regeln.*

4 Substantive: Singular und Plural

Keine Pluralform

Manche Substantive gelten als unzählbar. Daher kommen sie weder mit dem unbestimmten Artikel (~~un dinero~~) noch als Pluralform (~~dos dineros~~) vor: **el oro** *(das Gold),* **el pan** *(das Brot),* **la leche** *(die Milch).* Mit einer Mengenangabe kann man sie meist dennoch zählen:
dos monedas de oro – *zwei Goldstücke*
tres rebanadas de pan – *drei Scheiben Brot*
cuatro bolsas de leche – *vier Tüten Milch*

Bedeutungsunterschied Singular / Plural

Bei einigen Substantiven ändert sich die Bedeutung zwischen Singular- (zählbar oder unzählbar) und Pluralform:

el papel (unzählbar)
un papel / los papeles

: *das Papier* (Material)
: *ein Blatt Papier / die (Ausweis) papiere; die Unterlagen*

la pintura (unzählbar)	*die Malerei*
una pintura / **las pinturas**	*ein Gemälde / die Gemälde*
una letra / **letras**	*ein Buchstabe / Buchstaben;* *ein Brief / Briefe*
las Letras	*die Geisteswissenschaften*
la esposa / **las esposas**	*die Ehefrau / die Ehefrauen*
las esposas	*die Handschellen*

Die Mitglieder einer Familie stehen im Plural immer im Maskulinum: **los padres** (*die Eltern*), **los hijos** (*die Kinder*), **los abuelos** (*die Großeltern*), **los hermanos** (*die Geschwister*)

Unterschiede im Numerusgebrauch

Bei einigen Wörtern, die im Deutschen stets im Singular bzw. im Plural stehen, verhält es sich im Spanischen umgekehrt:

los bomberos – *die Feuerwehr*	**la caspa** – <u>*die*</u> *Schuppen*
los cubiertos – *das Besteck*	**la gente** – <u>*die*</u> *Leute*
los estudios – *das Studium*	**la pasta** – <u>*die*</u> *Nudeln*

Gegenstände, die aus zwei gleichen Hälften bestehen, werden im Spanischen meist im Plural verwendet, z. B. **las gafas** – *die Brille*; **las tijeras** – *die Schere*.

Wörter wie **la gente** werden ihrem Numerus entsprechend mit dem Verb im Singular verwendet:
La gente está inquieta. – *Die Leute sind beunruhigt.*

5 Substantive: Maskulinum und Femininum

Unterschiede im Genusgebrauch

Manche Wörter ähneln sich im Deutschen und Spanischen, haben aber in beiden Sprachen ein unterschiedliches Genus:

un anuncio – *eine Annonce*
un ataque – *eine Attacke*
un bar – *eine Bar*
un cordel – *eine Kordel*
un garaje – *eine Garage*
un melón – *eine Melone*
un número – *eine Nummer*

una alarma – *ein Alarm*
una cebra – *ein Zebra*
una coma – *ein Komma*
una llama – *ein Lama*
una protesta – *ein Protest*
una vocal – *ein Vokal*

Keine Maskulinform

Einige wenige Wörter haben im Spanischen stets die weibliche Form, unabhängig vom Geschlecht der bezeichneten Person:

la estrella / la star - *der Star* (Mann oder Frau)
la víctima - *das Opfer* (Mann oder Frau)

Anders verhält es sich mit dem Wort **testigo** (*Zeuge / Zeugin*): Es wird mit männlichem oder weiblichem Artikel verwendet, je nachdem, auf wen man sich bezieht (**la testigo** – *die Zeugin*).

Maskulinum = Femininum

Einige häufig gebrauchte Wörter sind weiblich <u>und</u> männlich, ohne ein natürliches Geschlecht zu besitzen. Hier wird meist die männliche Form verwendet:

el calor / **la** calor - *die Hitze*
(→ **hace much**o **calor** – *es ist sehr heiß*)
el mar / **la** mar - *das Meer, die See*
(→ **con vistas** a**l mar** – *mit Meerblick*)

Maskulinum oder Femininum?

Mit dem Geschlecht können z. T. Unterschiede in der Bedeu-
tung, manchmal auch nur in der Größe oder Form ausgedrückt
werden:

el bolso ≠ **la bolsa**	*die Handtasche* ≠ *die Tüte*
el barco ≠ **la barca**	*das Schiff* ≠ *das Boot*
el fruto ≠ **la fruta**	*die Frucht* ≠ *das Obst*
el pimiento ≠ **la pimienta**	*die Paprika* ≠ *der Pfeffer*

Das Wort **arte** ist im Singular männlich und im Plural weiblich:
el arte gótico - *die gotische Kunst*
Aber: **las** bellas artes - *die schönen Künste*

Einige Wörter haben sogar exakt die gleiche Form, jedoch auf-
grund ihres Genus völlig verschiedene Bedeutungen:

el capital ≠ **la capital**	*das Kapital* ≠ *die Hauptstadt*
el coma ≠ **la coma**	*das Koma* ≠ *das Komma* ·
el frente ≠ **la frente**	*die Front* ≠ *die Stirn*
el orden ≠ **la orden**	*die Ordnung* ≠ *der Befehl*
el parte ≠ **la parte**	*die (TV-)Nachricht* ≠ *der Teil*

6 Besonderheiten bei Adjektiven

Sonderformen bei Adjektiven

Die Adjektive **bueno**, **malo**, **primero** und **tercero** können dem Substantiv auch vorangestellt werden; in ihrer maskulinen Form verlieren sie in diesen Fällen die Endung **-o**:

un coche bueno	→ **un buen** coche	– *ein gutes Auto*
tiempo malo	→ **mal** tiempo	– *schlechtes Wetter*
puesto primero	→ **primer** puesto	– *erste Stelle*
el piso tercero	→ **el tercer** piso	– *der dritte Stock*

Achtung! Die Kurzform **mal** darf nicht mit dem Adverb **mal** verwechselt werden: **Hablo muy mal** (nicht: ~~malo!~~) **inglés**. – *Ich spreche sehr schlecht Englisch.*

Das Adjektiv **grande** verliert, wenn es vor einem Substantiv steht, im männlichen und weiblichen Singular die Endung **-de**:

la ciudad grande – *die große Stadt*
la gran ciudad – *die Großstadt*

Steht **grande nach** dem Substantiv, bezeichnet es die Größe von etwas oder jemandem:
un restaurante grande – *ein großes Restaurant*.
Die Form **gran** steht **vor** einem Substantiv und hebt oftmals dessen Qualität hervor:
un gran restaurante – *ein hervorragendes Restaurant*.

Das Wort **santo** verliert vor männlichen Eigennamen die Endung **-to**, es sei denn, sie beginnen mit **Do-** oder **To-**:

San José – *der heilige Josef*
San Juan – *der heilige Johannes*

Aber: **Santo Domingo** – *Santo Domingo*
Santo Tomás – *der heilige Thomas*

Stellung der Adjektive

Im Gegensatz zum Deutschen stehen die meisten Adjektive im Spanischen hinter dem Substantiv. In manchen Fällen ändert sich die Bedeutung mit der Stellung des Adjektivs:

un hombre pobre – *ein armer Mann* (ohne Geld)
un pobre hombre – *ein armer (bedauernswerter) Mann*

una mujer grande – *eine groß(gewachsen)e Frau*
una gran mujer – *eine große (bedeutende) Frau*

una casa antigua – *ein altes Haus*
mi antigua casa – *mein früheres Haus*

7 Häufig verwechselte Wörter

amigo / amiga ≠ novio / novia

Amigo / Amiga wird im Spanischen nur für ‚Freundschafts-Freunde' benutzt. Wenn man über den festen Freund / die feste Freundin spricht, benutzt man in Spanien den Ausdruck **el novio / la novia**.

cambiarse ≠ mudarse

In Spanien kann man **cambiarse** in unterschiedlichen Bedeutungen verwenden, muss dann allerdings spezifizieren:

cambiarse de casa – *umziehen*
cambiarse de ropa – *sich umkleiden*

Im Gegensatz dazu kann man bei **mudarse** – *(sich) umziehen* auf den Zusatz **de casa / de ropa** verzichten.

cien ≠ ciento

Die kürzere Form **cien** wird in der Regel verwendet, wenn sie allein, vor einem Substantiv oder vor einer Zahl steht, mit der 100 malgenommen wird. Die Form **ciento** hingegen wird ab 101 aufwärts und für den Plural (**cientos, cientas**) gebraucht:

uno entre cien – *einer unter hundert*
cien casas – *hundert Häuser*
cien mil habitantes – *hunderttausend Einwohner*

Aber: **ciento dos hombres** – *hundertzwei Männer*
trescientas personas – *dreihundert Menschen*

cuando ≠ si

Bei **cuando** handelt es sich um eine temporale (zeitliche) Konjunktion mit der Bedeutung *wenn (immer wenn, dann wenn)*. **Si** hingegen ist eine konditionale Konjunktion und bedeutet *wenn* im Sinne einer Bedingung:

La veo cuando voy a la ciudad.
– Wenn (= immer wenn) ich in die Stadt fahre, treffe ich sie.

Aber: **Si tienes tiempo, ven con nosotros.**
– Wenn (= falls) du Zeit hast, komm mit uns.

jugar ≠ tocar

Das deutsche Verb *spielen* heißt auf Spanisch **tocar** bzw. **jugar**, je nachdem, ob man ein Instrument oder ein Spiel spielt bzw. einer Sportart nachgeht.

Toca la flauta / el piano. *– Er / Sie spielt Flöte / Klavier.*

Aber: **Jugo a las cartas / al fútbol.** *– Ich spiele Karten / Fußball.*

lengua, idioma ≠ lenguaje

Das Spanische verfügt über mehrere Wörter für das deutsche Wort *Sprache*. **Lengua** und **idioma** haben die gleiche allgemeine Bedeutung. Die Sprache im Sinne der Sprech- oder Ausdrucksweise einer bestimmten Gruppe wird hingegen mit **lenguaje** übersetzt:

¿Cuales lenguas / idiomas se hablan hoy en el mundo?
– Welche Sprachen werden heute in der Welt gesprochen?

Aber: **No comprendo este lenguaje técnico.**
– *Diese Fachsprache verstehe ich nicht.*

oír ≠ escuchar, ver ≠ mirar

Oír und **ver** beziehen sich auf eher zufälliges, ungeplantes Hören und Sehen, während **escuchar** und **mirar** eine bewusste, meist gewollte Tätigkeit ausdrücken. Während man also **oír** mit *hören* und **ver** mit *sehen* übersetzt, sind die deutschen Entsprechungen für **escuchar** *zuhören* und für **mirar** *ansehen, beobachten*.

No oigo lo que dices. - *Ich höre nicht, was du sagst.*
No veo bien sin gafas. - *Ich sehe nicht gut ohne Brille.*

¿Me estás escuchando? - *Hörst du mir zu?*
¡Mira! / ¡Mírame! - *Sieh mal! / Sieh mich an!*

para ≠ por

Para drückt ein Ziel oder einen Zweck aus:

El regalo es para mi madre.
– *Das Geschenk ist für meine Mutter.*
Estudio español para ir a Ecuador.
– *Ich lerne Spanisch, um nach Ecuador zu reisen.*

Dagegen drückt **por** die Ursache aus:

Lo ha hecho por sus hijos.
– *Sie / Er hat es ihren / seinen Kindern zuliebe getan.*
Gracias por venir. – *Danke (dafür), dass du gekommen bist.*

pescado ≠ pez

Das Wort **pez** bezeichnet den *Fisch* als Tier. Als Lebensmittel bzw. Speise heißt *Fisch* **pescado**:

El pez grande se come al chico. - *Die großen Fische fressen die kleinen.*
Me gusta el pescado fresco. - *Ich mag frischen Fisch.*

poder

Poder bedeutet *können* im Sinne einer Möglichkeit oder Gelegenheit, während sich **saber** auf eine Fähigkeit bezieht:

Ahora puedes venir. - *Du kannst jetzt kommen.*
Aber: **Él sabe ruso.** - *Er kann Russisch.*

ponerse ≠ volverse

Das deutsche Verb *werden* wird in Kombination mit einem Adjektiv mit **ponerse** übersetzt, wenn eine Veränderung vorübergehend besteht. Dauert die Veränderung an, verwendet man **volverse**:

ponerse rojo / enfermo - *rot / krank werden*
Aber: **volverse viejo / rico** - *alt / reich werden*

Häufig gibt es im Spanischen in solchen Zusammenhängen ein eigenständiges Verb:

enrojecer(se) – *erröten;* **enfermar(se)** – *erkranken*
envejecer(se) - *alt werden;* **enriquecer(se)** – *reich werden*

pregunta ≠ cuestión

In den meisten Fällen wird das deutsche Wort *Frage* mit **pregunta** übersetzt. Wenn es sich jedoch um eine Frage im Sinne einer Angelegenheit oder eines Problems handelt, verwendet man **cuestión**:

¿Me puedes responder a esta pregunta? – *Kannst du mir auf diese Frage antworten?*
Aber: **Es cuestión de tiempo.** – *Es ist eine Frage der Zeit.*

prestar ≠ tomar prestado

Tomar prestado bezieht sich auf die Person, die etwas erhalten will. **Prestar** bezieht sich auf die Person, die etwas gibt:

Tomé prestado un jersey suyo. – *Ich habe mir von ihm / ihr einen Pulli geliehen.*
Aber: **¿Me puedes prestar 10 euros?** – *Kannst du mir 10 Euro leihen?*

Folgende Strukturen sind möglich:

tomar prestado algo de alguien – *sich etwas von jemandem ausleihen / borgen*
prestar algo a alguien – *jemandem etwas ausleihen / borgen*

ser ≠ estar

Ser wird allgemein für wesentliche, dauerhafte und charakteristische Eigenschaften von Personen gebraucht, während **estar** einen Zustand, ein Gefühl oder das Befinden ausdrückt.

Einige spanische Adjektive haben unterschiedliche Bedeutungen, je nachdem, ob sie mit **ser** oder **estar** stehen:

ser listo/**-a** - *schlau sein*
Aber: **estar** listo/**-a** - *fertig sein*

ser cansado/**-a** - *anstrengend sein*
Aber: **estar** cansado/**-a** - *müde sein*

té ≠ infusión

In Spanien werden nur schwarzer und grüner Tee **té** genannt. **Infusión** hingegen wird immer näher spezifiziert und bezeichnet hauptsächlich Kräuterteesorten (**infusión de hierbas** – *Kräutertee*, **infusión de menta** – *Pfefferminztee*).

tener que ≠ hay que

Bei unpersönlichem Gebrauch wird die deutsche Formulierung *man muss* mit **hay que** wiedergegeben. Ansonsten wird *müssen* meist mit **tener que** ausgedrückt:

Hay que saber perder. - *Man muss (auch) verlieren können.*
Aber: **Tengo que** irme. - *Ich muss gehen.*

Wenn es sich um eine Notwendigkeit handelt, kann *müssen* auch mit **es necesario que** (+ **Subjuntivo**!) übersetzt werden:

Es necesario que te vayas. - *Du musst gehen!*

2 GRAMMATIK

1 Verneinung

Wortstellung

Die spanische Verneinung unterscheidet sich von der deutschen.

Die Negation **no** steht vor dem konjugierten Verb:

Julio no está en casa. - *Julio ist nicht zu Hause.*
No voy a acompañarte. - *Ich werde dich nicht begleiten.*

Wenn im Satz ein Dativ-, Akkusativ- oder Reflexivpronomen vorkommt, steht **no** vor diesem:

No lo veo. - *Ich sehe ihn nicht.*
No me lo ha dicho. - *Er / Sie hat es mir nicht gesagt.*

Doppelte Verneinung

Stehen Wörter mit verneinender Bedeutung (**nada**, **nadie**, **ninguno/-a**, **nunca**, **ni**, **tampoco**) im Satz nach dem Verb, muss ein zusätzliches **no** vor dem Verb stehen – es wird also doppelt verneint:

No veo nada. – *Ich sehe (gar) nichts.*
No volverá nunca más. - *Er / Sie wird nie mehr zurückkommen.*
No sé tampoco. Aber: **Tampoco yo lo sé.** - *Ich weiß es auch nicht.*

Oft wird durch die **doppelte Verneinung** eine besondere Nuance ausgedrückt bzw. eine besondere Betonung erreicht:

No entiendo nada. - *Ich verstehe (überhaupt) nichts.*
No me gusta nada. – *Es gefällt mir (ganz und) gar nicht.*

2 Besonderheiten bei Bedingungssätzen mit *si*

Im Spanischen ist zwischen drei Arten von Bedingungssätzen zu unterscheiden: mögliche, unwahrscheinliche oder unmögliche, auf die Vergangenheit bezogene Bedingungen. Die möglichen Bedingungssätze ähneln dem Deutschen:

Si hace buen tiempo, podemos dar un paseo.
– *Wenn gutes Wetter ist, können wir spazieren gehen.*

In den anderen beiden Fällen ist es nicht möglich, direkt aus dem Deutschen zu übersetzen. Hier kann die vielfältige Verwendung des **Subjuntivo** Probleme bereiten:

Si pudiera / pudiese, te ayudaría. – *Wenn ich könnte, würde ich dir helfen.*

Si hubiera / hubiese podido, te habría / hubiera / hubiese ayudado. – *Wenn ich gekonnt hätte, hätte ich dir geholfen.*

i

Anders als im Deutschen steht im Bedingungssatz mit **si** nicht der Konditional, sondern eine Form des **Subjuntivo**, z. B. *Wenn ich du wäre, ... =* **Si fuera / fuese tú, ...;** *Wenn er es nicht gemacht hätte, ... =* **Si no lo hubiera / hubiese hecho él, ...**

3 Verben: Häufige Konjugationsfehler

Orthografische Besonderheiten

Zahlreiche spanische Verben weisen orthografische Veränderungen auf, damit die Aussprache der Grundform beibehalten werden kann:

- **c → qu vor e**
  Verben auf -**car**: bus**car** (*suchen*) → bus**que**
- **g → gu vor e**
  Verben auf -**gar**: pa**gar** (*zahlen*) → pa**gue**mos
- **z → c vor e**
  Verben auf -**zar**: almor**zar** (*zu Mittag essen*) → almuer**ce**s
- **gu → gü vor e**
  Verben auf -**guar**: averi**guar** (*ermitteln*) → averi**güe**
- **c → z vor a/o**
  Verben auf -**cer/-cir**: ven**cer** (*siegen*) → ven**za**
- **g → j vor a/o**
  Verben auf -**ger/-gir**: co**ger** (*nehmen*) → co**jo**
- **gu → g vor a/o**
  Verben auf -**guir**: se**guir** (*folgen*) → si**go**
- **qu → c vor a/o**
  Verben auf -**quir**: delin**quir** (*straffällig werden*) → delin**co**

Veränderung des Akzents bei:

- zahlreichen Verben auf -**iar**:
  confiar (*vertrauen*) → conf**í**as
- zahlreichen Verben auf -**uar**:
  continuar (*fortdauern*) → contin**ú**a

- Verben wie:
  poseer *(besitzen)* → **poseíste**,
  prohibir *(verbieten)* → **prohíbe**

4 Verben und Präpositionen

Unterschiedlicher Präpositionengebrauch

Die Präpositionen werden bei einigen Verben im Deutschen und Spanischen anders gebraucht. Beispiele:

- **pensar + en** – *denken an:*
  No hago más que pensar en ti. – *Ich denke ständig nur an dich.*
- **soñar + con** – *träumen von:*
  Esta noche soñé contigo. – *Heute Nacht habe ich von dir geträumt.*
- **cumplir + con** – *erfüllen:*
  Ha cumplido con su deber. – *Er hat seine Pflicht erfüllt.*
- **obligar + a** – *zwingen zu:*
  Me obligó a quedarme en casa. – *Er / Sie zwang mich, zu Hause zu bleiben.*

Manche Verben mit Präpositionen werden im Deutschen mit einem Adverb oder einer verbalen Umschreibung wiedergegeben:

acabar de – *gerade getan haben*
no acabar de – *einfach nicht tun*
dejar de – *nicht mehr tun*
estar a punto de – *gerade dabei sein zu tun*
volver a – *wieder tun*

Bedeutungsänderung mit Präposition

Teilweise ändert sich die Bedeutung eines Verbs mit dem Hinzufügen einer Präposition, wobei das Verb in diesen Fällen in der Regel reflexiv verwendet wird:

acordar ≠ **acordarse de**	beschließen ≠ sich erinnern an
dedicar ≠ **dedicarse de**	widmen ≠ sich befassen mit
limitar ≠ **limitarse a**	begrenzen ≠ sich beschränken auf
parecer ≠ **parecerse a**	scheinen ≠ ähneln, gleichen

5 Perfekt, *Indefinido* oder Imperfekt?

Trotz Ähnlichkeiten in der Bildung der Vergangenheitsformen zwischen dem Deutschen und dem Spanischen bestehen Unterschiede in der Verwendung der Zeiten.

Unterschiedlicher Gebrauch der Zeiten

Im Allgemeinen gilt, dass das spanische **Perfekt** ausschließlich für Handlungen und Ereignisse verwendet wird, die einen Bezug zur Gegenwart haben bzw. gegenwärtige Ergebnisse haben. Vorsicht ist insbesondere dann geboten, wenn das spanische Perfekt dem deutschen Präteritum entspricht:

Hasta ahora no han descubierto una vacuna contra esta enfermedad. *– Bisher wurde noch kein Impfstoff gegen diese Krankheit gefunden.*

Dagegen wird das **Indefinido** für Handlungen gebraucht, die in der Vergangenheit stattgefunden haben und abgeschlossen sind. Das **Indefinido** entspricht häufig dem deutschen Perfekt:

Ayer visitó la reconstrucción. – *Gestern hat er / sie den Neubau besichtigt.*

Imperfekt oder *Indefinido*?

Imperfekt und **Indefinido** sind oft schwierig zu unterscheiden.

Das **Imperfekt** wird im Allgemeinen verwendet für in der Vergangenheit gewohnheitsmäßig wiederholte Handlungen, Zustände oder Begleitumstände, die zeitlich nicht begrenzt sind:

Cuando tenía tu edad, iba a bailar. – *Als ich in deinem Alter war, bin ich (immer) tanzen gegangen.*

Das **Indefinido** dagegen schildert Ereignisse mit deutlichem Anfang bzw. Ende. Es beschreibt einmalige Handlungen oder Handlungsketten, die zeitlich begrenzt sind:

Ayer me llamó varias veces por teléfono. – *Gestern hat er / sie mich mehrmals angerufen.*

Beide Zeiten erscheinen nacheinander, wenn z. B. ein Vorgang durch ein unerwartetes Ereignis unterbrochen wird:

Leía el periódico cuando sonó el teléfono. – *Ich las Zeitung, als das Telefon klingelte.*

Manche Verben werden unterschiedlich übersetzt, je nachdem, ob sie im **Indefinido** oder im **Imperfekt** stehen. Im **Indefinido** weisen sie auf den Beginn einer Handlung hin, im **Imperfekt** hingegen bezeichnen sie einen Zustand:

conocer:	conocía – ich kannte	conocí – ich lernte kennen
saber:	sabía – ich wusste	supe – ich erfuhr
tener:	tenía – ich hatte	tuve – ich bekam

6 Indikativ oder *Subjuntivo?*

Verben des Denkens und Meinens

Während der **Subjuntivo** im Spanischen u. a. nach Meinungs-äußerungen wie **me gusta que** (*es gefällt mir, dass*) verwendet wird, stehen Verben des Denkens und Meinens wie **creer que** (*glauben, dass*) und **pensar que** (*denken, dass*) mit Indikativ:

Creo que vas a venir. – *Ich glaube, dass du kommen wirst.*
Pienso que es interesante. – *Ich denke, dass es interessant ist.*

Aber: Bei Verneinung dieser Verben im Hauptsatz steht der **Subjuntivo**:

No pienso que vaya a quedarse. – *Ich denke nicht, dass er / sie bleiben wird.*
No creo que sea interesante. – *Ich glaube nicht, dass es interessant ist.*

Ist das Subjekt des Haupt- und möglichen Nebensatzes identisch, so steht im Spanischen in der Regel eine Infinitiv-konstruktion, z. B.:

Me molesta que tengas que decírselo.
– Es stört mich, dass du es ihm / ihr sagen musst.

Aber: **Me molesta tener que decírselo.**
– Es stört mich, es ihm / ihr sagen zu müssen.

7 Adjektive und Adverbien: Sonderformen

Invariable Adjektive

Farbadjektive, die sich von der Farbe einer Frucht oder einer Pflanze bzw. Blume ableiten, sind unveränderlich:

pantalones rosa – *rosa(farbene) Hosen*
bolsas lila – *lila Taschen*
vestidos naranja – *orangefarbige Kleider*
jerseys violeta – *violette Pullover*

Weiterhin unveränderlich ist das Adjektiv **súper** (*super*):
una súper idea – *eine super Idee*

Adjektive, die zugleich Adverbien sind

Zugleich als Adjektiv und als Adverb verwendbar sind **mucho** (*viel*) und **poco** (*wenig*).
Wenn sie als Adjektive gebraucht werden, werden sie dem Substantiv, auf das sie sich beziehen, in Genus und Numerus angepasst; als Adverbien hingegen sind sie unveränderlich:

Tienes muchas / pocas ideas. – *Du hast viele / wenige Ideen.*
Aber: **Escribe mucho / poco.** – *Er / Sie schreibt viel / wenig.*

Das Adverb von **rápido** lautet – neben **rápidamente** – ebenfalls **rápido**:
Corre muy rápido. – *Er / Sie läuft sehr schnell.*

Bestimmte Adjektive behalten, wenn sie als Adverbien verwendet werden, ihre maskuline Adjektivform, können dabei jedoch je nach Verb eine andere Bedeutung annehmen, z. B.:

alto/-a – *hoch*   aber: **cantar alto** – *laut singen*
bajo/-a – *tief, niedrig*   aber: **hablar bajo** – *leise sprechen*
claro/-a – *hell*   aber: **ver claro** – *deutlich sehen*

Besondere Steigerungsformen

Bei zahlreichen Adjektiven findet man sowohl regelmäßige als auch unregelmäßige Steigerungsformen, wobei sich jedoch die Bedeutung der beiden Komparativformen unterscheidet:

bueno	**mejor**	**más bueno**
gut; brav, artig	*besser*	*braver, artiger*
malo	**peor**	**más malo**
schlecht; ungezogen	*schlechter*	*ungezogener*
grande	**mayor**	**más grande**
groß	*wichtiger, größer*	*größer*
pequeño	**menor**	**más pequeño**
klein	*geringer, kleiner*	*kleiner*

Beispiel: **Es un error de menor importancia.**
– *Das ist ein Fehler von geringerer Bedeutung.*

Auch bei den Adverbien gibt es einige wenige unregelmäßige Steigerungsformen (z. B. **mucho → más, mal → peor**), jedoch nur im Falle von **bien** sind zwei unterschiedliche Steigerungsformen mit verschiedenen Bedeutungen zu verzeichnen:

| **bien** | **mejor** | **más bien** |
| *gut* | *besser* | *eher* |

Beispiel: **Se levantan más bien tarde.** – *Sie stehen eher spät auf.*

Mayor und **menor** werden oft im Zusammenhang mit dem Alter verwendet und sind unveränderlich, z. B.: **ser mayor / menor de edad** – *volljährig / minderjährig sein*; **mi hija mayor** – *meine älteste Tochter*; **un señor mayor** – *ein älterer Herr*.

Einige Wörter drücken schon in ihrer Grundform eine Steigerung aus, z. B.: **superior** – *höher*, **inferior** – *niedriger*.

8 Substantive: Unregelmäßige Pluralbildung

Besonderheiten der Orthografie

Bei Wörtern auf -**n** oder -**s** nach betontem Vokal entfällt bei der Pluralbildung der Akzent:
el autobús – **los autobuses** (*der Bus – die Busse*).
Wörter auf -**z** bilden ihren Plural mit -**es**, wobei das **z** zu **c** wird:
el lápiz – **los lápices** (*der Bleistift – die Bleistifte*).

Unregelmäßige Pluralformen

Die Pluralbildung von Fremdwörtern ist häufig unregelmäßig:

el club – **los clubs / clubes** (*der Klub – die Klubs*)
el parking – **los parkings** (*der Parkplatz – die Parkplätze*)

Bei Abkürzungen wird der Plural im Spanischen oftmals mit Doppelbuchstaben ausgedrückt:

los EE.UU. = los Estados Unidos (*die Vereinigten Staaten*)
los FF.CC. = los Ferrocarriles (*die Eisenbahn*)

Auch bei zusammengehörenden Wörtern oder Beifügungen kann es zu Unklarheiten bei der Pluralbildung kommen: So heißt beispielsweise die korrekte Pluralform von **Estado miembro** (*Mitgliedsstaat*) **los Estados miembro** (und nicht ~~los Estados miembros!~~).

9 Pronomen: Stellung im Satz

Die Pronomen stehen im Spanischen stets vor dem konjugierten Verb. Stehen im Satz zwei Pronomen hintereinander, steht das indirekte immer vor dem direkten Objekt:

Siempre me lo cuenta. – *Er / Sie erzählt es mir immer.*

Bei einem Infinitiv oder Gerundium können die Pronomen auch nachgestellt werden, an den bejahten Imperativ müssen sie angehängt werden:

Nos la queremos comprar. = Queremos comprárnosla.
– *Wir wollen sie uns kaufen.*
Me lo está explicando. = Está explicándomelo.
– *Er / Sie erklärt es mir gerade.*
¡Dámelo, por favor! – *Gib es mir bitte!*

Soll das Objekt betont werden, kann es an den Satzanfang gestellt werden; das entsprechende Pronomen muss dann wiederholt werden:

La maleta la lleva Pedro. – *Den Koffer trägt Pedro.*
A Juan le he dado dinero. – *Juan habe ich Geld gegeben.*

10 Artikelgebrauch

In mehreren Punkten unterscheidet sich der Artikelgebrauch im Spanischen von demjenigen im Deutschen. Im Gegensatz zum Deutschen wird der bestimmte Artikel im Spanischen in folgenden Fällen verwendet:

- vor Titeln oder Berufsbezeichnungen und dem darauf folgenden Eigennamen:
  el Señor López – *Herr López*
  la doctora Sánchez – *(Frau) Doktor Sánchez*
- um von einer Sache im allgemeinen Sinn zu sprechen:
  No me interesa la música clásica.
  – Klassische Musik interessiert mich nicht.
- bei der Uhrzeit, Wochentagen und Tageszeiten:
  a las tres – *um drei Uhr*
  los domingos – *sonntags*
  por la noche – *nachts*

In anderen Zusammenhängen, in denen im Deutschen ein Artikel verwendet wird, fällt dieser im Spanischen weg:

- bei Monatsnamen:
  en ~~el~~ noviembre – *im November*
- bei **medio** und **otro**:
  ~~un~~ medio kilo de fresas – *ein halbes Kilo Erdbeeren*
  ~~una~~ otra cerveza – *ein weiteres Bier*

→← 3 RECHTSCHREIBUNG UND ZEICHENSETZUNG

1 Leicht verwechselbare Wörter

Einige spanische Wörter ähneln sich in der Aussprache, schreiben sich aber unterschiedlich:

si ≠ sí	**si** = *wenn, falls; ob* (Konjunktion)
	sí = *ja*
que ≠ qué	**que** = *der/die/das* (Relativpronomen) oder *dass* (Konjunktion)
	qué = *was* (Interrogativpronomen)
porque	**porque** = *weil* (Konjunktion)
≠ por qué	**¿por qué?** = *warum?* (Interrogativpronomen)
≠ porqué	**el porqué** = *der Grund*
esta	**esta** = *diese(r, s); der/die/das (hier)*
≠ ésta	(Adjektiv)
≠ está	**ésta** = *diese(r, s); der/die/das (hier)* (Demonstrativpronomen)
	está = Verbform von **estar**
pero	**pero** = *aber*
≠ perro	**el perro** = *der Hund*
más ≠ mas	**más** = *mehr*
	mas = *aber* (literarisch)
a ≠ ha	**a** = *in; zu; nach* (Präposition)
	ha = *ach!* (Interjektion); Verbform von **haber**

calidad	**la calidad** = *die Qualität*
≠ **cualidad**	**la cualidad** = *die Eigenschaft*
cualificación	**la cualificación** = *die Qualifikation*
≠ **calificación**	**la calificación** = *die Note, Benotung*

2 Schwierige Laut-Buchstaben-Kombinationen

b und v

Das **b** und das **v** werden im Spanischen im Anlaut gleich aus-gesprochen, sodass man von der Aussprache nicht auf die Schreibung schließen kann. So werden etwa Wörter wie **v**aca (*Kuh*) und **b**aca (*Gepäckträger*) gleich artikuliert. Die Kombina-tionen **br** und **bl**, wie in **broma** (*Scherz*) und **blusa** (*Bluse*), sind jedoch nur mit dem Buchstaben **b** möglich.

h

Das **h** bleibt im Spanischen bis auf wenige Ausnahmen stumm. Dies kann zu Fehlern führen, z. B. bei Schreibungen wie **oler** (*riechen*), aber **h**uele bien / mal (*es riecht gut / nicht gut*).

g und j

Das **g** und das **j** werden vor **e** und **i** gleich artikuliert, sodass man an der Aussprache die Schreibung nicht erkennen kann. So kommt es zu unterschiedlichen Schreibweisen wie etwa **g**ente (*Leute*), aber **j**ersey (*Pullover*).

c und qu

Der **k**-Laut wird vor **a**, **o** und **u** stets **c**, vor **e** und **i** dagegen **qu** geschrieben, z. B. **casa** (*Haus*), aber **queso** (*Käse*). Dies führt u. a. zu unterschiedlichen Schreibungen bei der Konjugation, wie etwa **busco** (*ich suche*), aber **busqué** (*ich suchte*).

c und z

Der dem englischen '**th**'-Laut vergleichbare Lispellaut im Spanischen wird vor **e** und **i** **c**, vor **a**, **o** und **u** jedoch **z** geschrieben. Beispiele hierfür sind **cero** (*Null*), **zumo** (*Saft*). Auch hier kommt es teilweise zu unterschiedlichen Schreibungen bei der Konjugation, wie etwa **hice** (*ich machte*), aber **hizo** (*er / sie machte*).

u und ü

Im Spanischen gibt es zwar ein **ü**, dieses wird jedoch nicht wie der deutsche Umlaut ausgesprochen, sondern als **u**. Die Punkte zeigen in Verbindungen mit **g** (also **gü**) an, dass das **u** artikuliert wird, z. B. in **bilingüe** (*zweisprachig*), **pingüino** (*Pinguin*).

3 Falsche Freunde im Bereich der Orthografie

Bei den folgenden Wörtern unterscheiden sich die deutsche und die spanische Schreibweise nur minimal:

Ampulle – **ampolla**
elementar – **elemental**
feminin – **femenino**
Gitarre – **guitarra**

Kreatur – **criatura**
Marmelade – **mermelada**
Marzipan – **mazapán**
Metapher – **metáfora**

Kamera – **cámara**

Kapuze – **capucha**

Karneval – **carnaval**

Komfort – **confort**

Korridor – **corredor**

Pardon – **perdón**

Parfüm – **perfume**

Pinsel – **pincel**

Sandale – **sandalia**

Vanille – **vainilla**

In anderen Fällen weicht die spanische von der deutschen Betonung ab, was sich auf die Schreibung bzw. die Akzentsetzung auswirken kann (der jeweils betonte Vokal ist unterstrichen):

Akademie – **academia**

Analyse – **análisis**

anonym – **anónimo**

Blasphemie – **blasfemia**

Dekade – **década**

Domino – **dominó**

Karneval – **carnaval**

Katastrophe – **catástrofe**

Kilometer – **kilómetro**

Kompass – **compás**

Mama – **mamá**

Methode – **método**

Papa – **papá**

Periode – **período**

Phänomen – **fenómeno**

Sofa – **sofá**

Telefon – **teléfono**

Therapie – **terapia**

4 Großschreibung

• Personennamen (Vor-, Nachnamen): **Jorge López**

• Ortsnamen und andere geografische Namen: **Madrid, España, el Sahara, el Rin**

• Adjektive in geografischen Namen: **el océano Pacífico**

- Geografische Bezeichnungen wie **el Oriente** im Sinne von *östliche Gegend/Osteuropa* (nicht als Himmelsrichtung); ebenso schreibt man groß: **el Oriente Próximo** – *der Nahe Osten*

- Behörden und Institutionen: **el Ministerio de Asuntos Exteriores** – *das Außenministerium*, **Correos** – *das Postamt*, **la Unión Europea** – *die Europäische Union*

- Briefanfänge nach der Anrede: **Querido Juan: Muchas gracias por ...** – *Lieber Juan, vielen Dank für ...*

- Abkürzungen in der Anrede: **Sr./Sra., Srta., Ud./Vd., D./Dña.**

- Anfänge von Buch- oder Filmtiteln: **Bodas de sangre** – *„Bluthochzeit"* (Tragödie von Federico García Lorca)

5 Besonderheiten bei Satzzeichen

Fragezeichen und Ausrufezeichen

Fragen und Ausrufe werden im Spanischen eingeleitet von einem umgedrehten Frage- bzw. Ausrufezeichen:

¿Tomas té o café? – *Nimmst du Tee oder Kaffee?*
¡Claro!, dijo mi madre. – *Klar, sagte meine Mutter.*

Kommasetzung

Im Gegensatz zum Deutschen wird das Komma gesetzt

- wenn ein Verb ausgelassen wird: **Su novia está con los otros y él, aquí.** – *Seine Freundin ist bei den anderen und er (ist) hier.*

Kein Komma steht vor

- **que: Dice que no viene.** – *Er / Sie sagt, dass er / sie nicht kommt.*
- indirekten Fragen: **No sé por qué no quieres venir.**
  – *Ich weiß nicht, warum du nicht kommen willst.*
- Relativsätzen, die für das Satzverständnis notwendig sind:
  Eres el último a quien se lo diría. – *Du bist der Letzte, dem ich es sagen würde.*

Wenn der Relativsatz als zusätzliche Information dient, wird er im Allgemeinen mit Kommata abgetrennt:
El hermano de mi amiga Belén, el cual emigró a Perú, nos visitará. – *Der Bruder meiner Freundin Belén, der nach Peru ausgewandert ist, kommt uns besuchen.*

→← **4   STIL**

1 Briefwechsel

Anreden

Briefe auf Spanisch können unterschiedlich beginnen, je nachdem, an wen man schreibt. Auf die Anrede folgt normalerweise ein Doppelpunkt.

An Freunde oder gute Bekannte schreibt man z. B.

Querido Pedro: – *Lieber Pedro, / Hallo Pedro!*
Querida María: – *Liebe María, / Hallo María!*
Queridos amigos: – *Liebe Freunde,*

In formellen Briefen verwendet man als Anrede

**Distinguidos señores / Estimados señores /
Muy Sres. nuestros** – *Sehr geehrte Damen und Herren,*

Apreciado Sr. López: – *Sehr geehrter Herr López,*
Apreciada Sra. García: – *Sehr geehrte Frau García,*

Die nächste Zeile nach einer Anrede beginnt im Spanischen
immer mit einem **Großbuchstaben**.

Datum

Das Datum kann in spanischen Briefen unterschiedlich
geschrieben werden:

**Madrid, 18 de septiembre de 2010 / Madrid, a 18 de
septiembre de 2010** – *Madrid, den 18. September 2010*
Kurzformen: **Madrid, 12-12-2010 / Madrid, 12/12/2010**
– *Madrid, den 12.12.2010*

Ansonsten wird das Datum mit dem bestimmten Artikel ange-
geben: **el dos de mayo** – *der zweite Mai / am zweiten Mai.*
Im Gegensatz zum Deutschen verwendet man die Grundzahl,
nicht die Ordnungszahl, mit Ausnahme des Monatsersten:

el dos de enero – der zweite Januar
el primero de marzo / abril … – der erste März / April …

Schlussformeln

Für Briefe an enge Freunde oder Verwandte gibt es mehrere gängige Schlussformeln. So sendet man beispielsweise **un beso** (*einen Kuss*), **un (fuerte) abrazo** (*herzliche / liebe Grüße*) oder **saludos afectuosos** (*liebe Grüße*).

Übliche Schlussformeln bei förmlicheren Briefen sind:

Atentamente – *Mit freundlichen Grüßen*
Un cordial saludo – *Herzliche Grüße*

2 Glückwünsche und Grußformeln

¡Felicidades! / **¡Enhorabuena!** – *Herzlichen Glückwunsch! Gratuliere!*
¡Que se mejore! / **¡Que te mejores!** – *Gute Besserung!*
¡Buena suerte! – *Viel Glück!*
¡Que vaya bien! – *Alles Gute!*
¡Que te lo pases bien! – *Mach's gut!*
¡Bienvenido a casa! – *Willkommen zu Hause!*

3 Höflichkeit

Danke und bitte

Mit **¡gracias!** (*danke*) drückt man Dankbarkeit aus.
Man kann auch **¡muchas gracias!** (*vielen Dank*) oder **¡muchísimas gracias!** (*danke vielmals*) sagen.

Por favor sagt man generell, wenn man um etwas bittet:
Dos entradas, por favor. – *Zwei Eintrittskarten, bitte.*

Als Antwort auf **gracias** *(danke)* kann man **de nada** *(bitte sehr)* oder **no hay de qué** *(nichts zu danken)* verwenden.

Bitten, Auffordern und Anbieten

¿Me puede decir ...? / **¿Puede decirme ...?**	*Können Sie mir sagen, ...?*
¿Podría decirme ...?	*Könnten Sie mir sagen, ...?* (etwas förmlicher)
¿Puedo preguntar ...?	*Darf ich fragen, ...?*
¿Le importa que ... ? (mit **Subjuntivo!**)	*Macht es Ihnen etwas aus, wenn ich ...?*
¿Le gusta el pescado?	*Mögen Sie Fisch?*
¿Quiere una cerveza?	*Möchten Sie ein Bier?*
Deseo ... / **Quisiera ...**	*Ich möchte / hätte (gern) ...*
Preferiría ...	*Ich möchte lieber ...*
¿Qué desea?	*Was darf es sein?*
¿Quiere algo más?	*Haben Sie noch einen Wunsch?* (beim Einkaufen)

Perdón, disculpa oder *lo siento*?

Im Allgemeinen sagt man, um jemanden für etwas um Entschuldigung zu bitten, **¡perdón!** Wenn man etwas nicht richtig verstanden hat, gebraucht man das Wort als Frage: **¿perdón?** (= *wie bitte?*).

Lo siento verwendet man, um für etwas Geschehenes um Verzeihung zu bitten (= *es tut mir leid*).

¡Disculpe Vd., por favor! sagt man, wenn man z. B. einen Fremden anspricht, um nach etwas zu fragen (= *entschuldigen Sie bitte*). Duzt man die angesprochene Person, heißt es **¡disculpa! / ¡discúlpame!** (= *entschuldige!*).

 ## 5   LATEINAMERIKANISCHES SPANISCH IM VERGLEICH

Die Sprecherzahl der **hispanohablantes** (*Spanischsprecher*) in Spanien selbst liegt bei etwa 40 Millionen, die in der übrigen Welt, vor allem Lateinamerika, bei rund 400 Millionen.

Im Folgenden wird kurz auf die markantesten Merkmale des lateinamerikanischen Spanisch bzw. die wichtigsten Unterschiede zum europäischen Spanisch eingegangen.

1 Unterschiede im Wortschatz

Europ. Span.	Deutsch	Lateinamerikan. Span.
coche	*Auto*	auto, carro
coger	*nehmen, greifen*	tomar, agarrar
fresa	*Erdbeere*	frutilla
gafas	*Brille*	lentes
gasolina	*Benzin*	nafta
jersey, suéter	*Pullover*	pulóver

maleta	*Koffer*	**valija**
patata	*Kartoffel*	**papa**
piña	*Ananas*	**ananá(s)**
plátano	*Banane*	**banana**
salón	*Wohnzimmer*	**living**
suelo	*Boden*	**piso**
tomate	*Tomate*	**jitomate**

Bedeutungsverschiebungen

In verschiedenen Fällen kommt es bei lateinamerikanischen Wörtern gegenüber dem europäischen Spanisch zu Bedeutungsverschiebungen:

	Spanien	Lateinamerika
camión	*LKW*	*Bus*
carro	*Karren*	*Auto*
luego	*nachher*	*jetzt*
pararse	*anhalten*	*aufstehen*
plata	*Silber*	*Geld*
piso	*Wohnung*	*Boden*
tortilla	*Omelett*	*Maisfladen*

Achtung! Das Verb **coger** heißt in Lateinamerika *Geschlechtsverkehr haben*. Für *nehmen, greifen* benutzen die Südamerikaner **tomar** oder **agarrar**. In Spanien hat **coger** keinerlei sexuelle Bedeutung.

2 Grammatik

Der *voseo*

Sehr verbreitet ist in Lateinamerika der **voseo**. Dabei handelt es sich um den Gebrauch von **vos** anstelle von **tú**, der sogar mit eigenen Verbformen verbunden ist. Die Verbformen entsprechen etwa der 2. Person Plural ohne **i**:

vos decís – *du sagst*   **vos hablás** – *du sprichst*
vos bebés – *du trinkst*   **vos te levantás** – *du stehst auf*

Ustedes oder *vosotros/-as*?

Während man in Spanien **vosotros**/-as für die 2. Person Plural benutzt, verwendet man in Lateinamerika die Form **ustedes**:

Pasaremos las vacaciones aquí, y ustedes, ¿ya tienen planes? – *Wir werden die Ferien hier verbringen, und ihr, habt ihr schon was vor?*

Ustedes kann somit in Lateinamerika *ihr* oder *Sie* heißen.

Verkleinerungsformen

Im lateinamerikanischen Spanisch werden oftmals Verkleinerungsformen mit **-ito/-ita** verwendet, ohne dass sich dabei die Bedeutung des Wortes ändert:

ahorita – *jetzt*; **tempranito** – *früh*; **lueguito** – *jetzt (gleich)*

Indefinido oder Perfekt?

In Lateinamerika wird das **Indefinido** häufig anstelle des Perfekts verwendet und das Perfekt wiederum anstelle des Indefinido. Oft wird dem **Indefinido** der Vorzug gegeben.

¿Ya oíste de antes? – *Hast du schon das von vorhin gehört?*
Hace unas semanas he regresado. – *Vor ein paar Wochen kam ich zurück.*

3 Aussprache

Im Hinblick auf die Aussprache gehören der **seseo** und der **yeísmo** zu den wohl markantesten Unterschieden zwischen dem europäischen und lateinamerikanischen Spanisch.

seseo

Beim **seseo** werden das **z** und das **c** vor **e** und **i** nicht wie das englische ‚th', sondern wie ein stimmloses **s** gesprochen, z. B. im Falle von **manzana** [manˈsana] anstelle von [manˈθana].

yeísmo

Beim **yeísmo**, der sich in Lateinamerika immer mehr verbreitet, wird zwischen **ll** und **y** in der Aussprache kein Unterschied gemacht. Beide werden wie das spanische **y** [ʝ] ausgeprochen. **Toalla** (*Handtuch*) beispielsweise wird [toˈaʝa] statt [toˈaʎa] ausgesprochen.

1 Begrüßung und Abschied

¡hola! interj	*hallo!*
¡buenos días! interj	*guten Morgen / Tag!*
¡buenas tardes! interj	*guten Tag!* (nachmittags und am frühen Abend)
¡buenas noches! interj	*guten Abend!, gute Nacht!*
saludar v	*grüßen*
el saludo s	*Gruß*
• **un cordial saludo** 🍃	*mit herzlichen Grüßen*
la bienvenida s	*Willkommen*
bienvenido, -a adj	*willkommen*
encantado, -a adj	*(sehr) erfreut*
¡adiós! interj	*auf Wiedersehen!, tschüs!*
¡hasta luego! interj	*bis nachher / später!*

¡nos vemos! interj Am   *bis später!, tschüs!*
¡hasta pronto! interj   *bis bald!*
¡hasta la vista! interj   *auf Wiedersehen!*
¡hasta mañana! interj   *bis morgen!*
despedir(se) v   *(sich) verabschieden*
la despedida s   *Abschied, Verabschiedung*
los recuerdos s pl   *Grüße*
dar recuerdos a alguien   *jdm Grüße ausrichten*

2 Sich vorstellen

presentar(se) v   *(sich) vorstellen*
llamarse v   *heißen*
el nombre s   *Name*
el apellido s   *Nachname*
• el apellido de soltera   *Mädchenname*
el señor s, **Sr.** abk   *Herr*
la señora s, **Sra.** abk   *Dame*
la señorita s, **Srta.** abk   *Fräulein, junges Mädchen*
don s, **D.** abk   *Herr*
doña s, **Dª** abk   *Frau, Dame*
casado, **-a** adj   *verheiratet*
soltero, **-a** adj   *ledig, unverheiratet*

3 Sich unterhalten

la conversación s   *Gespräch*
sí adv   *ja*

no adv	*nein, nicht*
hablar v	*sprechen*
• **hablar sobre algo**	*über etw sprechen*
decir v	*sagen*
• **es decir**	*das heißt*
la pregunta s	*Frage*
preguntar v	*fragen*
• **preguntar por algo**	*nach etw fragen*
la respuesta s	*Antwort*
responder v	*antworten*
contestar v	*antworten*
proponer v	*vorschlagen*
proponerse v	*sich vornehmen*
recomendar v	*empfehlen*
el consejo s	*Rat(schlag)*
• **dar un consejo a alguien**	*jdm einen Rat geben*
bien adv	*gut*
mal adv	*schlecht*
¡vale! interj	*in Ordnung!, OK!*
¡claro! interj	*klar!, natürlich!*
¡así es! interj	*stimmt!, richtig!, so ist es!*
¡exacto! interj	*genau!, richtig!*
¡es igual! interj	*(das ist) egal!*
• **(me) da igual**	*es ist (mir) egal*
¡basta! interj	*es reicht!*

opinar v	meinen, glauben
• **opinar bien / mal de algo/ alguien**	eine gute / schlechte Meinung von etw / jdm haben
la opinión s	Meinung
• **en mi opinión**	meiner Meinung nach
querer v	wollen
desear v	wünschen
preferir v	vorziehen, lieber mögen
esperar v	(er)warten, (er)hoffen
• **espero que sí**	ich hoffe doch
parecer v	(er)scheinen
interesante adj	interessant
fantástico, -a adj	fantastisch, wunderbar
bárbaro, -a adj Am fam	großartig, toll
¡ojalá! interj	hoffentlich!

Nützliche Wendungen

¿Cómo te llamas?	Wie heißt du?
¿Cómo se llama?	Wie heißen Sie?
Me llamo Ana, ¿y usted?	Ich heiße Ana, und Sie?
¿Qué tal?	Wie geht's?
Muy bien, gracias, ¿y tú? / ¿y usted?	Sehr gut, danke, und dir? / und Ihnen?
Dele / Dale recuerdos de mi parte.	Grüßen Sie / Grüß ihn / sie von mir.

4 Höflichkeit

¡gracias! interj	*danke!*
• **¡muchas gracias!**	*vielen Dank!*
por favor interj	*bitte*
sentir v	*bedauern*
• **lo siento**	*es tut mir leid*
el perdón s	*Verzeihung, Vergebung*
¡perdón! interj	*Entschuldigung!*
perdonar v	*verzeihen*
¡perdone! interj	*entschuldigen Sie bitte!*

ABC 2 DER MENSCH

1 Grundbegriffe

el hombre s	*Mann*
la mujer s	*Frau*
el bebé s	*Baby*
el niño / la niña s	*Junge / Mädchen* (Kind)
el chico / la chica s	*Kind* (jugendlich)
el muchacho / la muchacha s	*Junge / Mädchen, junger Mann / junge Frau*
el adulto / la adulta s	*Erwachsene(r)*
el sexo s	*Geschlecht*
femenino, -a adj	*weiblich*
masculino, -a adj	*männlich*

la infancia s	*Kindheit*
la juventud s	*Jugend*
la vida s	*Leben*
vivo, -a adj	*lebend, lebendig*
vivir v	*leben, wohnen*
el nacimiento s	*Geburt*
nacer v	*geboren werden*
la muerte s	*Tod*
muerto, -a adj	*tot*
morir(se) v	*sterben*
• **morir(se) de hambre**	*verhungern*
morirse de risa	*sich totlachen*
embarazada adj	*schwanger*
• **quedarse embarazada**	*schwanger werden*
dormir v	*schlafen*
• **dormir la siesta**	*einen Mittagsschlaf halten*

2 Personenbeschreibung

el aspecto s	*Aussehen*
• **tener buen aspecto**	*gut / gesund aussehen*
la edad s	*Alter*
• **mayor / menor de edad**	*voll-/minderjährig*
joven adj	*jung*
el / la joven s	*junger Mann / junge Frau*
viejo, -a adj	*alt*

mayor adj		*älter; alt, betagt*
menor adj		*jünger; jung*
grande, gran adj		*groß*
pequeño, -a adj		*klein*
alto, -a adj		*groß, hochgewachsen*
bajo, -a adj		*klein*
delgado, -a adj		*schlank*
gordo, -a adj		*dick*
grueso, -a adj		*korpulent, dick*
fuerte adj		*stark, kräftig*
débil adj		*schwach*
guapo, -a adj		*hübsch*
bonito, -a adj, **lindo, -a** adj Am		*schön, hübsch*
la belleza s		*Schönheit*
bello, -a adj		*schön, hübsch*
hermoso, -a adj		*(wunder)schön*
atractivo, -a adj		*attraktiv*
feo, -a adj		*hässlich*
rubio, -a adj		*blond*
moreno, -a adj		*dunkelhaarig, braun*
blanco, -a adj		*hellhäutig, weiß*
negro, -a adj		*dunkelhäutig, schwarz*
pelirrojo, -a adj		*rothaarig*
rizado, -a adj		*wellig, lockig*

calvo, -a adj · · · · · · · · · · · · · · · · kahlköpfig

• **estar / quedarse calvo** · · · · · · · eine Glatze haben / bekommen

la barba s · · · · · · · · · · · · · · · · · Bart

• **dejarse barba** · · · · · · · · · · · · · sich einen Bart stehen lassen

el bigote s · · · · · · · · · · · · · · · · · Schnurrbart

3 Der menschliche Körper

el cuerpo s · · · · · · · · · · · · · · · · Körper, Rumpf

la cabeza s · · · · · · · · · · · · · · · · Kopf

el pelo s · · · · · · · · · · · · · · · · · · Haare, Frisur

• **de pelo largo / corto** · · · · · · · · langhaarig / kurzhaarig

• **el corte de pelo** · · · · · · · · · · · · Haarschnitt

la cara s · · · · · · · · · · · · · · · · · · Gesicht, Miene

el ojo s · · · · · · · · · · · · · · · · · · · Auge

• **no pegar ojo** · · · · · · · · · · · · · · kein Auge zutun

ver v · sehen

• **ir a ver a alguien** · · · · · · · · · · · jdn besuchen (gehen)

mirar v · · · · · · · · · · · · · · · · · · · anschauen, zusehen

mirarse v · · · · · · · · · · · · · · · · · sich anschauen

la boca s · · · · · · · · · · · · · · · · · · Mund

• **boca arriba / abajo** · · · · · · · · · · rücklings / bäuchlings

la lengua s · · · · · · · · · · · · · · · · Zunge

la nariz s · · · · · · · · · · · · · · · · · Nase

oler v · riechen

• **oler a algo** · · · · · · · · · · · · · · · · nach etw riechen

la oreja s	*Ohr*
oír v	*hören, anhören*
escuchar v	*zuhören, anhören*
alto, -a adj , **fuerte** adj Am	*laut*
bajo, -a adj	*leise*
el cerebro s	*Gehirn*
• **no tener cerebro**	*keinen Verstand haben*
la piel s	*Haut*
• **la piel de gallina**	*Gänsehaut*
el cuello s	*Hals*
la espalda s	*Rücken*
• **ancho de espaldas**	*breitschult(e)rig*
el pecho s	*Brust, Oberkörper*
• **dar el pecho**	*stillen*
el corazón s	*Herz*
el brazo s	*Arm*
• **entre sus brazos**	*in ihren / seinen Armen*
la mano s	*Hand*
• **dar la mano a alguien**	*jdm die Hand schütteln*
el dedo s	*Finger*
• **el dedo del pie**	*Zeh*
tocar(se) v	*(sich) anfassen / berühren*
duro, -a adj	*hart*
blando, -a adj	*weich*
el vientre	*Bauch*

la pierna s	*Bein*
el trasero s fam	*Po*
el pie s	*Fuß*

4 Gesundheit und Wohlbefinden

la salud s	*Gesundheit*
¡salud! interj	*prost!, zum Wohl!*
¡Jesús! interj	*Gesundheit!*
(des)agradable adj	*(un)angenehm*
disfrutar v	*genießen*
• **disfrutar de excelente salud**	*sich bester Gesundheit erfreuen*
estar bien / mal v	*sich gut / schlecht fühlen*
encontrarse v	*sich fühlen*
sentir(se) v	*(sich) fühlen*
doler v	*weh tun, schmerzen*
• **Me duele la cabeza.**	*Ich habe Kopfschmerzen.*
cansado, -a adj	*müde*
la dieta, el régimen s	*Diät*
la terapia s	*Therapie*
la forma s	*Form*
• **estar en forma**	*fit sein*
enfermo, -a adj	*krank*
• **caer / ponerse enfermo**	*krank werden*
el enfermo / la enferma s	*Kranke(r)*
la enfermedad s	*Krankheit*

grave adj	*schwer, ernst, gefährlich*
el accidente s	*Unfall*
• **sufrir un accidente**	*einen Unfall haben*
la herida s	*Wunde, Verletzung*
el daño s	*Schaden*
• **hacer(se) daño**	*(sich) verletzen, (sich) wehtun*
curar v	*behandeln, heilen*
curarse v	*genesen, heilen*
la fiebre s	*Fieber*
el termómetro s	*Thermometer*
el médico / la médica s	*Arzt / Ärztin*
• **el médico de cabecera**	*Hausarzt*
el doctor / la doctora s	*Arzt / Ärztin*
• **doctor(a)**	*Herr / Frau Doktor* (Anrede)
la farmacia s	*Apotheke*
ocurrir, pasar v	*passieren, geschehen*
• **¿Qué (te / le) ocurre / pasa?**	*Was fehlt dir / Ihnen?*
la receta s	*Rezept*
recetar v	*verschreiben*
el medicamento s	*Arzneimittel, Medikament*
el hospital s	*Krankenhaus*
la clínica s	*Klinik*
la ambulancia s	*Krankenwagen*
el enfermero / la enfermera s	*Krankenpfleger/-schwester*

el / la especialista s	*Facharzt/-ärztin*
el / la dentista s	*Zahnarzt/-ärztin*
el consultorio s	*Arztpraxis*
la consulta s	*Praxis, Sprechstunde*
• **la hora de consulta**	*Sprechstunde*
el / la paciente s	*Patient(in)*
el tratamiento s	*(ärztliche) Behandlung*
tratar v	*behandeln*
la pastilla s	*Tablette, Pille*
la aspirina® s	*Aspirin*®
la pomada s	*Salbe*
la tirita s	*(Heft)pflaster*

Nützliche Wendungen für den Arztbesuch

Me encuentro (muy) mal.	*Ich fühle mich (sehr) schlecht.*
Tengo dolor de estómago / de cabeza / de muelas.	*Ich habe Bauch- / Kopf- / Zahnschmerzen.*
He vomitado, tengo fiebre y estornudo.	*Ich habe mich erbrochen, habe Fieber und niese.*
Estoy mareado/-a.	*Mir ist schwindlig.*

Charaktereigenschaften und Gefühle

el carácter s	*Wesen, Art, Charakter*
la característica s	*Merkmal, Eigenschaft*
caracterizar v	*charakterisieren*

(com)portarse v	*sich benehmen*
el comportamiento s	*Verhalten*
reaccionar v	*reagieren*
la reacción s	*Reaktion*
la costumbre s	*Brauch, Gewohnheit*
acostumbrarse (a algo) v	*sich (an etwas) gewöhnen*
la personalidad s	*Persönlichkeit*
el humor s	*Laune*
• **estar de buen / mal humor**	*gut / schlecht gelaunt sein*
bueno, -a adj	*gut*
malo, -a adj	*schlecht, ungezogen*
feliz adj	*glücklich*
triste adj	*traurig*
divertido, -a adj	*lustig, unterhaltsam*
tranquilo, -a adj	*ruhig, still*
serio, -a adj	*ernst(haft), streng*
positivo, -a adj	*positiv*
negativo, -a adj	*negativ*
(el / la) optimista adj; s	*optimistisch; Optimist(in)*
(el / la) pesimista adj; s	*pessimistisch; Pessimist(in)*
alegre adj	*fröhlich, lustig*
la alegría s	*Freude*
alegrar(se) v	*(sich) (er)freuen*
(el / la) realista adj; s	*realistisch; Realist(in)*
curioso, -a adj	*neugierig*

la curiosidad s	*Neugier(de)*
razonable adj	*vernünftig*
listo, -a adj	*klug*
gracioso, -a adj	*komisch, witzig*
irónico, -a adj	*ironisch*
amable adj	*freundlich, liebenswürdig*
la amabilidad s	*Freundlichkeit*
obediente adj	*gehorsam*
fiel adj	*treu*
generoso, -a adj	*großzügig*
tímido, -a adj	*schüchtern*
educado, -a adj	*höflich; gebildet*
• **bien educado**	*wohlerzogen*
nervioso, -a adj	*nervös*
el / la idiota s	*Idiot(in)*
falso, -a adj	*falsch, geheuchelt*
tonto, -a adj	*dumm*
la tontería s	*Dummheit*
raro, -a adj	*seltsam; selten*
el defecto s	*Mangel, Fehler*
ignorante adj	*unwissend, dumm*
extraño, -a adj	*ungewöhnlich*
flojo, -a adj	*schwach; flau; faul*
simpático, -a adj	*sympathisch*
antipático, -a adj	*unsympathisch*

(des)agradable adj	*(un)angenehm*
mentiroso, -a adj	*verlogen*
la mentira s	*Lüge*
(im)paciente adj	*(un)geduldig*
violento, -a adj	*gewalttätig, gewaltsam*
celoso, -a (de) adj	*eifersüchtig (auf)*
envidioso, -a adj	*neidisch*
(des)contento, -a adj	*(un)zufrieden*
reír(se) v	*lachen, sich amüsieren*
llorar v	*weinen*
enfadado, -a adj	*verärgert*
enfadarse v, **enojarse** v Am	*sich ärgern*
orgulloso, -a adj	*stolz*
sereno, -a adj	*ruhig, gelassen*

ᴬᴮᶜ 3   FAMILIE UND FREUNDSCHAFTEN

la familia s	*Familie*
• **en familia**	*im engsten Kreis*
el / la pariente s	*Verwandte(r)*
la madre s	*Mutter*
la mamá s	*Mama*
el padre s	*Vater*
el papá s	*Papa*
los padres	*Eltern*
el hermano / **la hermana** s	*Bruder / Schwester*

• **los hermanos**	*Brüder; Geschwister*
el hijo / la hija s	*Sohn / Tochter*
• **los hijos**	*Söhne; Kinder*
el abuelo / la abuela s	*Großvater / Großmutter*
• **los abuelos**	*Großeltern*
el nieto / la nieta s	*Enkel(in)*
• **los nietos**	*Enkelkinder*
el primo / la prima s	*Cousin / Kusine*
el sobrino / la sobrina s	*Neffe / Nichte*
el cumpleaños s	*Geburtstag*
• **¡Feliz cumpleaños!**	*Herzlichen Glückwunsch zum Geburtstag!*
el santo s	*Namenstag*
el amigo / la amiga s	*Freund(in)*
• **hacer amigos**	*Freunde finden*
• **hacerse amigos**	*sich anfreunden*
(des)conocido, -a adj	*(un)bekannt*
el conocido / la conocida s	*Bekannte(r)*
el grupo s	*Gruppe*
la gente s	*Leute*
la pareja s	*Paar, Partner(in)*
• **mi pareja**	*mein(e) Partner(in), mein(e) Lebensgefährte/-in*
hacer buena pareja	*gut zusammenpassen*
el novio / la novia s	*Freund(in)* (in Liebesbeziehung)

el amor s	*Liebe*
• **hacer el amor**	*miteinander schlafen*
amar v	*lieben*
querer v	*lieben, gernhaben*
• **Te quiero / amo.**	*Ich liebe dich.*
la boda s	*Hochzeit*
casarse v	*heiraten*
el matrimonio s	*Ehe; Ehepaar*
el esposo, el marido s	*Ehemann*
la mujer, la esposa s	*Ehefrau*
el suegro / la suegra s	*Schwiegervater/-mutter*
separar(se) v	*(sich) trennen*
divorciar(se) v	*(sich) scheiden*
pelear(se) v	*(sich) streiten*
reconciliar(se) v	*(sich) versöhnen*

ABC 4   HAUS UND WOHNUNG

la casa s	*Haus*
• **a / en casa**	*nach / zu Hause*
• **la casa adosada**	*Reihenhaus*
• **la casa de campo**	*Landhaus*
el apartamento s, **el departamento** s Am	*Apartment, Wohnung*
el piso s	*Wohnung; Stockwerk*
el piso s Am	*Fußboden*

la planta s	*Stockwerk*
• **la planta baja**	*Erdgeschoss*
• **la primera / segunda planta**	*erstes / zweites Geschoss*
el suelo s	*Fußboden*
la escalera s	*Treppe(nhaus), Leiter*
• **la escalera de caracol**	*Wendeltreppe*

Auf den Klingelschildern an spanischen Hauseingängen stehen keine Namen, sondern nur Stockwerk (**planta**) und Apartmentnummer (**número del apartamento**).

5ª A (**quinta planta, apartamento A** – *5. Stock, Apt. A*)

el arquitecto / la arquitecta s	*Architekt(in)*
el edificio s	*Gebäude*
construir v	*bauen*
la pared s	*Wand, Mauer*
el techo s	*Zimmerdecke; Dach*
la puerta s	*Tür*
• **la puerta de la calle**	*Haustür*
• **llamar a la puerta**	*(an der Tür) läuten*
la llave s	*Schlüssel*
• **cerrar con llave**	*abschließen*
la ventana s	*Fenster*
alquilar v	*mieten, vermieten*

• se alquila	*zu vermieten*
el alquiler s	*Miete*
• **el contrato de alquiler**	*Mietvertrag*
instalar v	*einrichten, installieren*
el ascensor s	*Fahrstuhl, Aufzug*
el hogar s	*Zuhause*
la electricidad s	*Elektrizität*
la habitación, el cuarto s	*Raum, Zimmer*
• **el cuarto de estar**	*Wohnzimmer*
la pieza s Am	*Zimmer*
la cocina s	*Küche*
la nevera s	*Kühlschrank*
el dormitorio s	*Schlafzimmer*
el (cuarto de) baño s	*Bad(ezimmer)*
• **tomar un baño**	*ein Bad nehmen*
• **ir al baño**	*auf die Toilette gehen*
la bañera s	*Badewanne*
la ducha s	*Dusche*
ducharse v	*duschen*
el lavabo s	*Waschbecken*
el pasillo s	*Flur*
el jardín s	*Garten*
la terraza s	*Terrasse*
el balcón s	*Balkon*
la mesa s	*Tisch*

- **en la mesa** — *auf dem Tisch*
- **poner la mesa** — *den Tisch decken*
- **quitar la mesa** — *den Tisch abräumen*

la silla s — *Stuhl*
- **la silla plegable** — *Klappstuhl*

el escritorio s — *Arbeitstisch, Schreibtisch*

la estantería s — *Regal*

el sofá s — *Sofa*

el sillón s — *Sessel*

la alfombra s — *Teppich*

la lámpara s — *Lampe*
- **la lámpara de pie** — *Stehlampe*

la cama s — *Bett*
- **la cama de matrimonio** — *Ehebett*
- **irse a la cama** — *ins Bett gehen*

el pijama s — *Schlafanzug, Pyjama*

el armario s — *Schrank*
- **el armario ropero** — *Kleiderschrank*

ordenar v — *aufräumen, ordnen*

el orden s — *Ordnung*
- **poner en orden** — *in Ordnung bringen*

poner v — *setzen, stellen, legen*

limpiar v — *reinigen, sauber machen*
- **limpiar el polvo** — *Staub wischen*

limpio, -a adj — *sauber*

sucio, -a adj	*schmutzig, dreckig*
lavar v	*waschen*
• **lavar los platos**	*Geschirr spülen*
lavarse v	*sich waschen*
• **lavarse los dientes**	*sich die Zähne putzen*
el jabón s	*Seife*
• **la pastilla de jabón**	*Stück Seife*

. . . .

ABC 5 **FREIZEIT**

1 Grundbegriffe

las vacaciones s	*Urlaub*
la siesta s	*Mittagsschlaf, Siesta*
la fiesta s	*Fest, Feier*
la excursión s	*Ausflug*
• **ir de excursión**	*einen Ausflug machen*
salir v	*ausgehen*
citarse, quedar v	*sich verabreden*
visitar v	*besuchen*
la visita s	*Besuch*
divertirse v	*sich amüsieren*
divertido, -a adj	*amüsant, lustig*
aburrirse v	*sich langweilen*
aburrido, -a adj	*langweilig*
las ganas s pl	*Lust*

- **tener ganas de hacer algo**   *Lust haben, etw zu tun*
- **No me da la gana.**   *Ich habe keine Lust.*

2 Sport und Spiel

el deporte s   *Sport*
- **hacer deporte**   *Sport treiben*
- **los deportes de invierno**   *Wintersportarten*
mover(se) v   *(sich) bewegen*
andar v   *(zu Fuß) gehen*
- **¡anda!** interj   *nun komm schon!*
caminar v   *wandern*
pasear v   *spazieren gehen*
el paseo s   *Spaziergang*
- **ir de paseo, dar un paseo**   *spazieren gehen*
correr v   *laufen, rennen*
- **echar a correr**   *losrennen*
- **saltar** v   *springen, hüpfen*
el fútbol s   *Fußball*
- **ser un aficionado al fútbol**   *ein Fußballfan sein*
- **el club de fútbol**   *Fußballverein*
el tenis s   *Tennis*
- **jugar al tenis**   *Tennis spielen*
- **las zapatillas de tenis**   *Tennisschuhe*
el balón (de fútbol) s   *(Fuß)ball*
- **jugar con un balón**   *(mit einem) Ball spielen*

la pelota s	*Ball; baskisches Pelotaspiel*
• **los juegos de pelota**	*Ballspiele*
la bicicleta s	*Fahrrad*
• **montar / andar en bicicleta**	*Rad fahren*
nadar v	*schwimmen*
el esquí s	*Ski*
esquiar v	*Ski laufen*
el footing s	*Jogging*
• **hacer footing**	*joggen*
el partido s	*Spiel, Match*
• **el partido de fútbol**	*Fußballspiel*
el juego s	*Spiel*
• **el juego de mesa**	*Brettspiel*
• **juego limpio**	*Fairplay*
• **juego sucio**	*unfaires Spiel*
jugar v	*spielen*
• **jugar a las cartas**	*Karten spielen*
el jugador / la jugadora s	*Spieler(in)*
ganar v	*gewinnen*
el ganador / la ganadora s	*Gewinner(in)*
perder v	*verlieren*
el perdedor / la perdedora s	*Verlierer(in)*
la suerte s	*Schicksal; Glück*
el juguete s	*Spielzeug*
el premio s	*Preis*

3 Hobbys

el hobby s	*Hobby*
la pasión (por) s	*Leidenschaft (für)*
el entusiasmo (por) s	*Begeisterung (für)*
leer v	*lesen*
• **leer en voz alta**	*vorlesen, laut lesen*
la novela s	*Roman*
pintar v	*malen*
la música s	*Musik*
• **escuchar música**	*Musik hören*
el instrumento (de música) s	*(Musik)instrument*
• **tocar un instrumento**	*ein Instrument spielen*
cantar v	*singen*
la canción s	*Lied*
• **la canción popular**	*Volkslied*
bailar v	*tanzen*
el baile s	*Tanz*
la cocción s	*Kochen*
el juego de ordenador s	*Computerspiel*
coleccionar v	*sammeln*
fotografiar v	*fotografieren*
filmar v	*filmen*
el bricolaje s	*Basteln, Heimwerken*
• **dedicarse al bricolaje**	*basteln, heimwerken*
la cerámica s	*Keramik*

• **hacer cerámica**	*töpfern*
el modelismo s	*Modellbau*
hacer punto v	*stricken*

ABC **6**   **KULTUR**

1 Grundbegriffe

la cultura s	*Kultur*
el museo s	*Museum*
el arte s m / **las artes** s f pl	*Kunst/Künste*
la obra s	*Werk*
el cuadro s	*Bild, Gemälde*
el pintor / **la pintora** s	*Maler(in)*
antiguo, -a adj	*alt, antik*
moderno, -a adj	*modern*
el teatro s	*Theater*
• **hacer teatro**	*Theater spielen*
el concierto s	*Konzert*
la orquesta s	*Orchester*
el director / **la directora de orquesta**	*Dirigent(in)*
el público s	*Publikum, Zuschauer*
la entrada, el billete s	*Eintrittskarte*
la biblioteca s	*Bibliothek*
la iglesia s	*Kirche*
la catedral s	*Kathedrale, Dom*

el monumento s	*Denkmal, Sehenswürdigkeit*
la historia s	*Geschichte*
el siglo s	*Jahrhundert*
el rey / la reina s	*König / Königin*
el príncipe / la princesa s	*Prinz / Prinzessin*
Dios s m	*Gott*
creer v	*glauben*
el libro s	*Buch*
el título s	*Titel, Überschrift*
el texto s	*Text*
la literatura s	*Literatur*
el autor / la autora s	*Autor(in)*

2 Film, Fernsehen, Radio und Presse

el cine s	*Kino, Filmkunst*
la película s	*Film*
el actor / la actora s	*Schauspieler(in)*
famoso, -a adj	*berühmt*
la televisión s	*Fernsehen, TV*
la pantalla s	*Leinwand, Bildschirm*
el guión s	*Drehbuch*
la radio s, **el radio** s Am	*Radio(gerät), Rundfunk*
el programa s	*(Radio-, Fernseh)sendung*
la foto(grafía) s	*Fotografie, Foto*
• **sacar una foto**	*ein Foto machen*
el quiosco, el kiosko s	*Kiosk*

el artículo s	*Artikel*
el periódico s	*Zeitung*
el diario s	*Tageszeitung*
la revista s	*Zeitschrift, Illustrierte*
semanal adj	*Wochen-, wöchentlich*
mensual adj	*Monats-, monatlich*
la información s	*Information, Meldung*

ABC 7   ESSEN UND TRINKEN

1 Grundbegriffe

tomar(se) v	*zu sich nehmen*
beber(se) v	*trinken*
comer(se) v	*essen*

Die reflexiven Formen **tomarse**, **beberse** und **comerse** sind immer dann notwendig, wenn etwas Konkretes getrunken oder gegessen wird:

Bebemos a menudo vino. – *Wir trinken oft Wein.*
Me bebo la leche. – *Ich trinke (meine) Milch.*
No como carne. – *Ich esse kein Fleisch.*
Me comí un filete. – *Ich habe ein Steak gegessen.*

la comida s	*(Mittag)essen, Mahlzeit*
el desayuno s	*Frühstück*

desayunar v	*frühstücken*
el almuerzo s	*Mittagessen*
almorzar v	*zu Mittag essen*
la cena s	*Abendessen*
cenar v	*zu Abend essen*
• **salir a cenar**	*zum Abendessen ausgehen*

2 Kochen, Geschirr und Besteck

cocinar v	*kochen*
la cocina s	*Küche, Herd*
la receta s	*Rezept*
el horno s	*Backofen*
la olla, la cazuela s	*Kochtopf*
la sartén s	*Bratpfanne*
freír v	*(in der Pfanne) braten*
gustar v	*schmecken, mögen*
• **Me gusta la macedonia.**	*Ich mag Obstsalat.*
sazonar v	*würzen*
la especia, el condimento s	*Gewürz*
el plato s	*Teller, Untertasse; Speise*
• **el plato hondo / llano**	*flacher / tiefer Teller*
el mantel s	*Tischtuch*
la taza s	*Tasse*
el vaso s	*(Trink)glas*
la copa s	*Weinglas, Kelch*

• **tomar una copa**	*ein alkoholisches Getränk trinken*
el cuchillo s	*Messer*
el tenedor s	*Gabel*
la cuchara s	*Löffel*
• **la cuchara sopera**	*Suppenlöffel*
la cucharilla s	*Teelöffel*
la botella s	*Flasche*
el sacacorchos s	*Korkenzieher*

3 Lebens- und Genussmittel

el pan s	*Brot*
• **el pan integral**	*Vollkornbrot*
la tostada s	*Toast(scheibe)*
la pasta s	*Nudeln*
la leche s	*Milch*
• **la leche entera /** **desnatada**	*Vollmilch / entrahmte Milch*
• **la leche esterilizada**	*H-Milch*
la mantequilla s	*Butter*
la mermelada s	*Marmelade*
el huevo s	*Ei*
• **el huevo pasado por agua**	*weich gekochtes Ei*
• **el huevo frito**	*Spiegelei*
• **el huevo revuelto**	*Rührei*
el queso s	*Käse*

el jamón s	*Schinken*
• **el jamón dulce** / **de York**	*gekochter Schinken*
• **el jamón serrano**	*luftgetrockneter Schinken*
• **la loncha de jamón**	*Scheibe Schinken*
la carne s	*Fleisch*
• **la carne picada**	*Hackfleisch*
el pescado s	*Fisch*
la patata s, **la papa** s Am	*Kartoffel*
• **las patatas** s / **papas** s Am **fritas**	*Pommes frites, Chips*
la fruta s	*Obst*
la manzana s	*Apfel*
la pera s	*Birne*
el plátano s, **la banana** s Am	*Banane*
la naranja s	*Orange*
el limón s	*Zitrone*
la fresa s, **la frutilla** s Am	*Erdbeere*
el tomate s	*Tomate*
el azúcar s	*Zucker*
la pimienta s	*Pfeffer*
la sal s	*Salz*
• **la sal común**	*Speisesalz*
la tapa s	*kleiner Imbiss; Appetithäppchen*

Tapas sind kleine Imbisse oder Snacks. Manchmal bekommt man sie in Kneipen zu Wein oder Bier unaufgefordert serviert, meist muss man sie aber bestellen. Macht man mit Freunden eine Kneipentour, um **tapas** zu essen, nennt man das in Spanien **tapear**. Diese Sitte (**el tapeo**) ist aus dem gesellschaftlichen Leben in Spanien nicht wegzudenken.

la bebida s	*Getränk*
el zumo s, **el jugo** s Am	*Saft*
el refresco s	*Erfrischungsgetränk*
el vino s	*Wein*
• **el vino blanco** / **rosado** / **tinto**	*Weißwein / Roséwein / Rotwein*
la cerveza s	*Bier*
• **la cerveza sin alcohol**	*alkoholfreies Bier*
la sangría s	*Sangria* (Rotweinbowle)
el café s	*Kaffee*
• **el café solo**	*kleiner schwarzer Kaffee*
• **el café descafeinado**	*koffeinfreier Kaffee*
• **el (café) cortado**	*Kaffee mit wenig Milch*
el té (negro) s	*(Schwarz)tee*
la infusión s	*Kräutertee*
el chocolate s	*Schokolade*
el bocadillo s	*belegtes Brötchen*

la sopa s	*Suppe*
la ensalada s	*Salat*
el helado s	*Eiscreme*
la tarta s	*Torte, Kuchen*
la tortilla s	*Omelette, Maisfladen (Am)*
fumar v	*rauchen*
el tabaco s	*Tabak, Zigaretten*
el cigarrillo s, **el pucho** s Am	*Zigarette*
el alcohol s	*Alkohol*
alcohólico, -a adj	*alkoholisch*
• **la bebida alcohólica / no alcohólica**	*alkoholisches / alkoholfreies Getränk*
la droga s	*Droge*
• **las drogas blandas / duras**	*weiche / harte Drogen*

4 Im Restaurant

el restaurante s	*Restaurant*
el bar s	*Bar, Kneipe*
la cafetería, el café s	*Cafeteria, Café*
el camarero / la camarera s	*Kellner(in)*
pedir v	*bitten, bestellen*
la carta s	*Speisekarte*
el menú s	*Menü, Speisekarte*
• **el menú del día**	*Tageskarte; Tagesgericht*
la cuenta s	*Rechnung*
la propina s	*Trinkgeld*

> **Nützliche Wendungen im Restaurant**
>
> | | |
> |---|---|
> | **¿Qué desea?** | *Was wünschen Sie?* |
> | **¿Qué le pongo?** | *Was darf ich Ihnen bringen?* |
> | **¿Qué me / nos puede recomendar?** | *Was können Sie mir / uns empfehlen?* |
> | **De primero / postre le(s) recomiendo...** | *Als Vorspeise / Dessert empfehle ich Ihnen ...* |
> | **De plato principal quiero...** | *Als Hauptgericht möchte ich ...* |
> | **Me trae...** | *Bringen Sie mir ...* |
> | **De primero...** | *Als Vorspeise (nehme ich) ...* |
> | **Camarero, por favor. ¿Me trae un café con leche y la cuenta?** | *Kellner, bringen Sie mir bitte einen Milchkaffee und die Rechnung.* |

ABC 8 EINKAUFEN

1 Grundbegriffe

comprar v	*(ein)kaufen*
• **comprar a plazos**	*auf Raten kaufen*
la compra s	*Einkauf, Kauf*
• **ir a la compra**	*einkaufen gehen*
vender v	*verkaufen*
• **se vende**	*zu verkaufen*
la venta s	*Verkauf*

el mercado s	*Markt*
el supermercado s	*Supermarkt*
la rebaja s	*Sonderangebot*
• **rebajas de fin de temporada**	*Schlussverkauf*
dar v	*geben*
pagar v	*(be)zahlen*
• **pagar en efectivo**	*bar zahlen*
el dinero s	*Geld*
• **el dinero suelto**	*Kleingeld*
el billete s	*Geldschein*
la moneda s	*Münze; Währung*
el euro s	*Euro*
la caja s	*Kasse*
el precio s	*(Kauf)preis*
• **a buen precio**	*günstig*
barato, -a adj	*billig*
• **ser / resultar / salir barato**	*billig sein*
caro, -a adj	*teuer*
• **costar caro**	*teuer sein*
costar v	*kosten*
la tienda s	*Geschäft, Laden*
la boutique s	*Boutique*
la zapatería s	*Schuhgeschäft*
la librería s	*Buchhandlung*
abrir v	*öffnen*

abierto, -a adj	*offen, geöffnet*
cerrar v	*schließen*
cerrado, -a adj	*geschlossen*

Nützliche Wendungen

¿Qué desea?	*Was wünschen Sie?*
¿Qué le pongo?	*Was darf ich Ihnen geben?*
¿Cuánto cuesta(n)...?	*Was kostet/kosten ...?*
¿Cuánto es?	*Wie viel kostet das?*
Deme..., Quiero...	*Geben Sie mir ..., Ich will ...*
¿Quiere algo más?	*Darf es noch etwas sein?*
¿Paga en efectivo o con tarjeta?	*Zahlen Sie bar oder mit Karte?*
Con tarjeta, por favor.	*Mit Karte, bitte.*

2 Kleidung und Accessoires

llevar v	*tragen, bringen*
traer v	*(mit)bringen*
la camisa s	*Hemd*
la camiseta s	*T-Shirt, Unterhemd*
la blusa s	*Bluse*
el pantalón s	*Hose*
• **los pantalones vaqueros**	*Jeans*
la falda s	*Rock*
el vestido s	*Kleid*

el jersey s	*Pullover*
el traje s	*Anzug*
• **el traje de noche**	*Abendkleid*
la chaqueta s	*Jacke, Jackett*
el abrigo s	*Mantel*
• **la ropa de abrigo**	*warme Kleidung*
el zapato s	*Schuh*
la bota s	*Stiefel*
el calcetín s	*Socke*
el par s	*Paar*
• **un par de calcetines**	*ein Paar Socken*
corto, -a adj	*kurz*
largo, -a adj	*lang*
(in)cómodo, -a adj	*(un)bequem*
elegante adj	*elegant, geschmackvoll*
las gafas s pl	*Brille*
• **llevar gafas**	*eine Brille tragen*
• **ponerse / quitarse las gafas**	*die Brille auf-/absetzen*
• **las gafas de sol**	*Sonnenbrille*
el reloj s	*Uhr*
• **el reloj de pulsera**	*Armbanduhr*
el sombrero s	*Hut*
la corbata s	*Krawatte*
el cinturón s	*Gürtel*
• **apretarse el cinturón**	*den Gürtel enger schnallen*

Farben, Formen und Muster

rojo	rot	**claro**	hell
verde	grün	**oscuro**	dunkel
amarillo	gelb	**unicolor**	einfarbig
azul	blau	**multicolor**	bunt
naranja	orange	**rayado**	gestreift
fucsia	pink	**con puntos**	gepunktet
marrón	braun	**con dibujos**	gemustert
gris	grau	**redondo**	rund
blanco	weiß	**cuadrado**	eckig
negro	schwarz	**de/a cuadros**	kariert

el pañuelo s	*Taschentuch, Tuch*
el guante s	*Handschuh*
el bolso s	*(Hand)tasche*
la tela s	*Stoff*
la lana s	*Wolle*
el algodón s	*Baumwolle*
la piel s	*Leder, Pelz*
el color s	*Farbe*
la forma s	*Form*
el diseño s	*Zeichnung, Skizze; Muster*
el corte s	*Schnitt*
la talla s	*Größe*
la bisutería s	*Modeschmuck*

las joyas s pl	*Schmuck*
la pulsera s	*Armband*
el anillo s	*Ring*
el pendiente s	*Ohrring*
el collar s	*(Hals)kette, Kollier*

- -

ABC 9 REISE UND VERKEHR

1 Im Verkehr

el continente s	*Kontinent, Erdteil*
la ciudad s	*Stadt*
el centro s	*Zentrum, Innenstadt*
el pueblo s	*Dorf*
el parque s	*Park*
el puente s	*Brücke*
la calle s	*Straße*
• **la calle comercial**	*Einkaufsstraße*
la zona peatonal s	*Fußgängerzone*
la avenida s	*Allee, Boulevard*
el paseo s	*Promenade*
la carretera s	*(Land-, Schnell)straße*
la autopista s	*Autobahn*
• **la autopista de peaje**	*gebührenpflichtige Autobahn*
la gasolinera, **la estacíon de servicio** s	*Tankstelle*

la gasolina s	*Benzin*
el gasóleo s	*Diesel(öl)*
• **echar / repostar gasolina**	*tanken*
el camino s	*Weg*
la plaza s	*Platz*
la esquina s	*Ecke*
doblar v	*abbiegen*
a la derecha adv	*(nach) rechts*
a la izquierda adv	*(nach) links*
aquí, acá adv	*hier*
allí, allá adv	*dort*
ir v	*gehen*
• **ir a pie / en coche**	*zu Fuß gehen / mit dem Auto fahren*
pasar v	*vorbeigehen, vorbeifahren*
entrar v	*eintreten, hineinfahren*
la entrada s	*Einfahrt, Auffahrt*
salir v	*hinausgehen, abfahren*
la salida s	*Ausfahrt, Abfahrt*
llegar v	*(an)kommen*
la llegada s	*Ankunft*
el horario s	*Fahrplan*
a tiempo adv	*rechtzeitig*
tarde adv	*(zu) spät*
volver v	*zurückkehren*

manejar v Am	*Auto fahren*
rápido, -a adj, **rápido** adv	*schnell*
deprisa adv	*schnell*
despacio adv	*langsam*
el coche s	*Auto, Wagen*
el camión s	*Lastwagen*
la moto(cicleta) s	*Motorrad*
la bicicleta s, **la bici** abk fam	*Fahrrad*
el motor s	*Motor*
el autobús s	*(Omni)bus*
el metro s	*U-Bahn*
el tranvía s	*Straßenbahn*
la parada s	*Haltestelle*
• **la parada de autobús**	*Bushaltestelle*
el taxi s	*Taxi*
el tren s	*Zug*
• **el tren de cercanías**	*Nahverkehrszug*
• **el tren de alta velocidad**	*Hochgeschwindigkeitszug*
• **cambiar de tren**	*umsteigen*
la estación s	*Bahnhof*
¡atención! interj	*Achtung!*
el barco s	*Schiff*
la barca s	*Boot*
el puerto s	*Hafen*
el avión s	*Flugzeug*
volar v	*fliegen*

Ortsangaben

al lado de	*neben*	**encima de**	*über*
en frente de	*gegenüber*	**debajo de**	*unter*
delante de	*vor*	**dentro de**	*innerhalb*
detras de	*hinter*	**fuera de**	*außerhalb*
en medio de	*in der Mitte*	**cerca de**	*in der Nähe*
alrededor de	*ringsherum*	**lejos de**	*weit weg*

el aeropuerto s		*Flughafen*
subir v		*einsteigen*
bajar v		*aussteigen*
el cruce s		*Kreuzung*
cruzar v		*überqueren*
el semáforo s		*(Verkehrs)ampel*

2 Auf Reisen

el pasaporte s	*Ausweis, Reisepass*
el carné de identidad, el documento nacional de identidad s, **el DNI** abk	*Personalausweis*
viajar v	*reisen*
el viaje s	*Reise*
el turismo s	*Tourismus*
el / la turista s	*Tourist(in)*
la guía s	*Reiseführer* (Buch)
el / la guía s	*Fremdenführer(in)*

visitar v	*besichtigen*
el mapa s	*Landkarte*
la maleta s	*Koffer*
• **hacer la(s) maleta(s)**	*(den) Koffer packen*
la cámara s	*Kamera*
el hotel s	*Hotel*
la habitación s	*Zimmer*
• **la habitación individual** / **doble**	*Einzel-/Doppelzimmer*
la recepción s	*Rezeption, Empfang*
reservar v	*reservieren, buchen*
la reservación s	*Reservierung*
anular v	*stornieren*
embarcar v	*an Bord gehen*

- -

ABC 10   POST, TELEFON UND INTERNET

la carta s	*Brief*
la (tarjeta) postal s	*Postkarte*
el paquete s	*Paket*
la dirección s	*Adresse*
Correos s	*Post* (Institution)
• **la oficina de Correos**	*Postamt*
el correo s	*Post* (Sendung)
• **el correo electrónico**	*E-Mail*
la Internet s	*Internet*

el sello s, **la estampilla** s Am	*Briefmarke*
enviar v	*schicken*
el buzón s	*Briefkasten*
el teléfono s	*Telefon*
• **el número de teléfono**	*Telefonnummer*
el (teléfono) móvil s	*Handy*
la tarjeta SIM s	*SIM-Karte*
telefonear v	*telefonieren*
la llamada s	*(Telefon)anruf, Telefonat*
el ordenador s, **la computadora** s Am	*Computer*
• **el ordenador portátil**	*Notebook*

. . . .

ABC 11   **SCHULE UND BERUF**

1 Vom Kindergarten bis zur Berufsausbildung

la educación s	*Erziehung, Bildung*
el jardín de infancia s	*Kindergarten*
el colegio, la escuela s	*Schule*
• **ir al colegio / a la escuela**	*zur Schule gehen*
la (aula de) clase s	*Klassenzimmer*
el instituto s	*Gymnasium; Institut*
el liceo s Am	*Gymnasium*
la universidad s	*Universität*
el alumno / la alumna s	*Schüler(in)*

el / la estudiante s	*Student(in)*
estudiar v	*lernen, studieren*
el estudio s	*Lernen, Studieren*
los estudios s pl	*Studium*
• **cursar estudios**	*studieren*
la formación s	*Ausbildung*
el curso s	*Kurs, Lehrgang, Jahrgang*
• **asistir a un curso**	*an einem Lehrgang teilnehmen*
el profesor / la profesora s	*Lehrer(in), Professor(in)*
la clase s	*Unterrichtsstunde, Klasse*
• **ir a clase**	*den Unterricht besuchen*
enseñar v	*lehren, unterrichten*
explicar v	*erklären*
escribir v	*schreiben*
• **escribir a mano**	*von Hand schreiben*
el tema s	*Thema*
el ejemplo s	*Beispiel*
• **por ejemplo, p. ej.** abk	*zum Beispiel, z. B.*
pensar v	*denken*
saber v	*wissen, können*
• **saber francés**	*Französisch können*
aprender v	*lernen*
recordar v	*(sich) erinnern*
olvidar(se de algo)	*(etw) vergessen*
la memoria s	*Gedächtnis*

examinar v	*prüfen*
el examen s	*Prüfung*
• **el examen escrito / oral**	*mündliche / schriftliche Prüfung*
• **suspender un examen**	*durch eine Prüfung fallen*
• **aprobar un examen**	*eine Prüfung bestehen*
la prueba s	*Prüfung, Test*
la nota s	*Note, Zensur*
correcto, -a adj	*richtig*
incorrecto, -a adj	*falsch*
fácil adj	*leicht*
difícil adj	*schwierig*
el lápiz s	*Bleistift*
el bolígrafo s, **el boli** abk fam	*Kugelschreiber, Kuli*
el papel s	*Papier*
los papeles s pl	*Dokumente*
la hoja s	*Blatt (Papier)*
el bloc s	*Block, Heft*
• **el bloc de notas**	*Notizblock*
el diccionario s	*Wörterbuch*
la palabra s	*Wort*
la frase s	*Satz*
la lengua s	*Sprache*
la gramática s	*Grammatik*

2 Berufsleben

trabajar v	*arbeiten*
el trabajo s	*Arbeit*
el trabajador / la trabajadora s	*Arbeiter(in)*
la profesión s	*Beruf*
• **de profesión**	*von Beruf*
profesional adj; s	*Berufs-, beruflich; Profi*
• **la carrera profesional**	*beruflicher Werdegang*
la actividad s	*Aktivität, Tätigkeit*
el director / la directora s	*Rektor(in), Direktor(in)*
el secretario / la secretaria s	*Sekretär(in)*
la entrevista s	*Vorstellungsgespräch*
la experiencia s	*Erfahrung*
• **adquirir experiencia**	*Erfahrung sammeln*
el jefe / la jefa s	*Chef(in), Leiter(in)*
firmar v	*unterschreiben*
la firma s	*Unterschrift*
el puesto s	*(Arbeits)stelle, Amt*
el empleo s	*Beschäftigung, Anstellung*
• **buscar un empleo**	*einen Job suchen*
despedir, echar v	*entlassen, kündigen*
el paro s	*Arbeitslosigkeit*
• **estar en el paro**	*arbeitslos sein*
el parado / la parada s	*Arbeitslose(r)*
• **la tasa de parados**	*Arbeitslosenquote*

utilizar, usar v	*benutzen, gebrauchen*
el martillo s	*Hammer*
clavar v	*(an)nageln*
el clavo s	*Nagel*
el tornillo s	*Schraube*
el destornillador s	*Schraubenzieher*
la llave s	*(Schrauben)schlüssel*
las tenazas s pl	*Zange*
la herramienta s	*Werkzeug*
el taller s	*Werkstatt*
el mecánico / la mecánica s	*Mechaniker(in)*
el sueldo s	*Gehalt*
el empleado / la empleada s	*Angestellte(r)*
el empresario / la empresaria s	*Arbeitgeber(in)*
el / la colega s	*Kollege/-in*
el / la contable s	*Buchhalter(in)*
el dependiente / la dependienta s	*Verkäufer(in)*

ABC **12 STAAT UND GESELLSCHAFT**

1 Grundbegriffe

la nación s	*Nation, Volk*
la nacionalidad s	*Staatsangehörigkeit*

mundial adj	*weltweit*
el presidente / la presidenta s	*Präsident(in)*
la democracia s	*Demokratie*
la dictadura s	*Diktatur*
la sociedad s	*Gesellschaft*
las elecciones s pl	*Wahlen*
votar v	*wählen*
el voto s	*Abstimmung; Stimme*
la política s	*Politik*
político, -a adj	*politisch*
el gobierno s	*Regierung*
la organización s	*Organisation*
el país s	*Land*
el / la habitante s	*Einwohner(in)*
rico, -a adj	*reich*
pobre adj	*arm, bedauernswert*
el idioma s	*Sprache*
• **el idioma oficial**	*Amtssprache*
el extranjero s	*Ausland*
el extranjero / la extranjera s	*Ausländer(in)*
la Unión Europea s, **la EU** abk	*Europäische Union, EU*
Latinoamérica s	*Lateinamerika*
Sudamérica s	*Südamerika*
Centroamérica s	*Mittelamerika*
la capital s	*Hauptstadt*

Länder und ihre Einwohner

Land / Gebiet	Einwohner/Adjektiv	
Europa f	**(el / la) europeo/-a**	*Europa*
España f	**(el / la) español(a)**	*Spanien*
Alemania f	**(el / la) alemán/-ana**	*Deutschland*
Austria f	**(el / la) austriaco/-a**	*Österreich*
Suiza f	**(el / la) suizo/-a**	*Schweiz*
Francia f	**(el / la) francés/-esa**	*Frankreich*
Holanda f	**(el / la) holandés/-esa**	*Holland*
Polonia f	**(el / la) polaco/-a**	*Polen*
Turquía f	**(el / la) turco/-a**	*Türkei*
Inglaterra f	**(el / la) inglés/-esa**	*England*
Portugal m	**(el / la) portugués/-esa**	*Portugal*
Italia f	**(el / la) italiano/-a**	*Italien*
América f	**(el / la) americano/-a**	*Amerika*

2 Recht und Ordnung

(in)justo, -a adj	*(un)gerecht*
permitir v	*erlauben*
permitido, **-a** adj	*erlaubt*
prohibir v	*verbieten*
prohibido, -a adj	*verboten*
obligar v	*verpflichten, zwingen*
necesario, **-a** adj	*notwendig, erforderlich*
la policía s	*Polizei*

el / la policía s	*Polizist(in)*
el peligro s	*Gefahr*
• correr peligro	*in Gefahr sein*
peligroso, -a adj	*gefährlich*
el abogado / la abogada s	*Rechtsanwalt/-anwältin*
el juez / la jueza s	*Richter(in)*
el tribunal (de justicia) s	*Gericht*
la asociación s	*Vereinigung, Verband*

3 Wirtschaft und Finanzen

la economía s	*(Volks)wirtschaft*
• la economía mundial	*Weltwirtschaft*
la ganacia s	*Gewinn*
la pérdida s	*Verlust*
la empresa s	*Firma, Unternehmen*
el negocio s	*Geschäft*
la oficina s	*Büro*
la artesanía s	*Handwerk(skunst)*
la industria s	*Industrie*
la fábrica s	*Fabrik*
fabricar, producir v	*herstellen, erzeugen*
el producto s	*Produkt, Erzeugnis*
la máquina s	*Maschine*
el ingeniero / la ingeniera s	*Ingenieur(in)*
el banco s	*Bank*
• el banco en casa	*Homebanking*

el cambio s	*Wechselkurs; Veränderung*
la bolsa s	*Börse*
la acción s	*Aktie*
ahorrar v	*sparen*
la cuenta s	*(Be)rechnung; Konto*
el cajero automático s	*Geldautomat*

ABC 13 WISSENSCHAFT UND TECHNIK

la ciencia s	*Wissenschaft*
científico, -a adj	*wissenschaftlich*
la técnica s	*Technik*
el sistema s	*System*
encender v	*anmachen, (an)zünden*
apagar v	*ausmachen, abstellen*
funcionar v	*funktionieren*
la física s	*Physik*
la química s	*Chemie*
la biología s	*Biologie*
la informática s	*Informatik, EDV*

ABC 14 UMWELT UND NATUR

1 Grundbegriffe

la naturaleza s	*Natur*
el sol s	*Sonne*

• hace sol	*die Sonne scheint*
la luna s	*Mond*
la estrella s	*Stern*
la tierra s	*Erde*
el mundo s	*Welt, Erde*
el medio ambiente s	*Umwelt*
la ecología s	*Ökologie*
ecológico, -a adj	*ökologisch*
la luz s	*Licht*
• a la luz del día	*bei Tageslicht*
el mar s	*Meer*
• el Mar Mediterráneo	*Mittelmeer*
el océano s	*Ozean*
el Atlántico s	*Atlantik*
la playa s	*Strand*
la isla s	*Insel*
el río s	*Fluss*
el agua s f	*Wasser*
el bosque s	*Wald*
la montaña s	*Berg; Gebirge*
• escalar una montaña	*auf einen Berg steigen*
el campo s	*Feld, Land*
el árbol s	*Baum*
la flor s	*Blume*
• el ramo de flores	*Blumenstrauß*

la planta s	*Pflanze*
plantar v	*pflanzen*
el animal s	*Tier*
• **el animal doméstico**	*Haustier*
el perro / la perra s	*Hund / Hündin*
el gato / la gata s	*Kater / Katze*
el caballo s	*Pferd*
la vaca s	*Kuh*
el pájaro s	*Vogel*
el pez s	*Fisch*

2 Wetter

el tiempo s	*Wetter*
• **la prevision del tiempo**	*Wettervorhersage*
• **buen / mal tiempo**	*schönes / schlechtes Wetter*
caliente adj	*warm, heiß*
frío, -a adj	*kalt*
• **hace frío / calor**	*es ist kalt / heiß*
llover v	*regnen*
la lluvia s	*Regen*
nevar v	*schneien*
la nieve s	*Schnee*
el cielo s	*Himmel*
la nube s	*Wolke*
nublado, -a adj	*bewölkt*

la tormenta s	*Gewitter, Unwetter*
la niebla s	*Nebel*
el aire s	*Luft*

el tiempo s	*Zeit*
el año s	*Jahr*
la fecha s	*Datum*
el reloj s	*Uhr*
la hora s	*Stunde, Uhrzeit*
el minuto s	*Minute*
el segundo s	*Sekunde*
a / al / a la prep	*um*
hoy adv	*heute*
la mañana s	*Morgen, Vormittag*
mañana adv	*morgen*
ayer adv	*gestern*
la noche s	*Nacht*
el día s	*Tag*
el mediodía s	*Mittag*
la medianoche s	*Mitternacht*
la tarde s	*Nachmittag, (früher) Abend*
• **por la tarde**	*am Nachmittag, nachmittags*
la semana s	*Woche*
• **el fin de semana**	*Wochenende*

el mes s	*Monat*
el calendario s	*Kalender*
desde (el año pasado) prep	*seit (vergangenem Jahr)*
hasta (hoy día) prep	*bis (heute)*
antes adv	*vorher, früher*
después adv	*danach, hinterher*

Die Uhrzeit

Zur vollen Stunde sagt man **es** la una, **son** las dos, **son** las tres... – *es ist ein, zwei, drei ... Uhr*

Bis zu 30 Minuten nach der vollen Stunde wird die genaue Angabe mit **y** (*und*) an die vergangene Stunde angehängt, danach mit **menos** (*weniger*) von der folgenden Stunde abgezogen:

las cuatro...	**las cinco...**
...**y cinco** – *4:05 Uhr*	...**menos veinte** – *4:40 Uhr*
...**y cuarto** – *4:15 Uhr*	...**menos cuarto** – *4:45 Uhr*
...**y media** – *4:30 Uhr*	...**menos diez** – *4:50 Uhr*

hace (dos días) prep	*vor (zwei Tagen)*
luego adv	*dann, später*
entonces adv	*dann, damals*
ahora adv	*jetzt*
nunca adv	*nie(mals)*
siempre adv	*immer*

todavía adv	*noch*		
ya adv	*schon*		
el pasado s	*Vergangenheit*		
el presente s	*Gegenwart*		
el futuro s	*Zukunft*		

Wochentage, Jahreszeiten, Monate

lunes	*Montag*	**enero**	*Januar*
martes	*Dienstag*	**febrero**	*Februar*
miércoles	*Mittwoch*	**marzo**	*März*
jueves	*Donnerstag*	**abril**	*April*
viernes	*Freitag*	**mayo**	*Mai*
sábado	*Samstag*	**junio**	*Juni*
domingo	*Sonntag*	**julio**	*Juli*
		agosto	*August*
primavera f	*Frühling*	**septiembre**	*September*
verano m	*Sommer*	**octubre**	*Oktober*
otoño m	*Herbst*	**noviembre**	*November*
invierno m	*Winter*	**diciembre**	*Dezember*

Die Wochentage und Monate sind im Spanischen männlich.

ABC 16 MENGEN, MAßE UND GEWICHTE

el milímetro s	*Millimeter*
el centímetro s	*Zentimeter*
el metro s	*Meter*
el kilómetro s	*Kilometer*
el gramo s	*Gramm*
el kilo(gramo) s	*Kilo(gramm)*
el litro s	*Liter*
largo, -a adj	*lang*
corto, -a adj	*kurz*
ligero, -a, liviano, -a adj	*leicht*
pesado, -a adj	*schwer*
mucho, -a adj	*viel*
poco, -a adj	*wenig*
demasiado adv	*zu viel*
de menos adv	*zu wenig*

Grund- und Ordnungszahlen

0	cero	30	treinta
1	uno	40	cuarenta
2	dos	50	cincuenta
3	tres	60	sesenta
4	cuatro	70	setenta
5	cinco	80	ochenta
6	seis	90	noventa
7	siete	100	cien
8	ocho	1.000	mil
9	nueve	1 Mio.	un millón
10	diez		
11	once		
12	doce	1.	primer(o/-a)
13	trece	2.	segundo/-a
14	catorce	3.	tercer(o/-a)
15	quince	4.	cuarto/-a
16	dieciséis	5.	quinto/-a
17	diecisiete	6.	sexto/-a
18	dieciocho	7.	séptimo/-a
19	diecinueve	8.	octavo/-a
20	veinte	9.	noveno/-a
21	veintiuno	10.	décimo/-a

Abkürzungen

abk = *Abkürzung;* adj = **adjetivo** *(Adjektiv);* adv = **adverbio** *(Adverb);* Am = **América Latina** *(Lateinamerika);* etw = **etwas;** f = **femenino** *(Femininum);* fam = **familiar** *(umgangssprachlich);* interj = **interjección** *(Interjektion);* jdm/n = **jemandem/n;** m = **masculino** *(Maskulinum);* pl = **plural** *(Mehrzahl);* prep = **preposición** *(Präposition);* s = **sustantivo** *(Substantiv);* v = **verbo** *(Verb)*

1

Grammatikindex

2

Alphabetisches Wortverzeichnis

1

GRAMMATIKINDEX

2

2

ALPHABETISCHES WORTVERZEICHNIS